COLLANA

INTUIZIONI GEOMETRICHE

Giovanni Crocini

LA PIRAMIDE DI CHEOPE

Relazione tra il Raggio della Terra e le Dimensioni dei Monumenti Antichi

Youcanprint *Self-Publishing*

Titolo | La Piramide di Cheope
Autore | Giovanni Crocini

ISBN | 978-88-91198-46-4

Youcanprint Self-Publishing
Via Roma, 73 - 73039 Tricase (LE) - Italy
www.youcanprint.it
info@youcanprint.it
Facebook: facebook.com/youcanprint.it
Twitter: twitter.com/youcanprintit

Indice

"... La mente intuitiva
è
un dono sacro
la mente razionale
è
un servo fedele.
Noi abbiamo creato
una società
che
onora il servo
e
ha dimenticato il dono ..."

Albert Einstein

... a tutti coloro che si riuniscono ...
... per ...
... edificare Templi alla Virtù ...
... scavare oscure e profonde prigioni al vizio ...
... e ...
... lavorare al bene e al progresso ...
... della Patria ...

Introduzione alla prima edizione

LA PIRAMIDE DI CHEOPE
*Relazione tra il Raggio della Terra e le Dimensioni dei
Monumenti Antichi*
è il secondo libro della "Collana" **INTUIZIONI GEOMETRICHE.**

... come ho già detto nel primo libro ...
... "SEZIONE AUREA E SUCCESSIONE FIBONACCI" ...
anche questo libro nasce dopo molti anni di lavoro che ho svolto
parallelamente alla mia attività di architetto libero professionista.

... la ricerca di nuove soluzioni geometriche ... di nuovi modi per
rappresentare il reale ... con la ... proiettiva ... con la ... prospettiva ...
di scavare nelle figure geometriche per scoprire ciò che nascondono ...
ciò che non sempre vediamo ... andare oltre la superficie delle forme ...
... e ... scoprire cose ... che già i nostri antenati ... conoscevano ...
... usavano ... per progettare e realizzare ... opere meravigliose ...
... che ... sono ancora presenti ... pronte a parlare ... a ... rivelare ...
... segreti ... che fatichiamo a comprendere ... perché ... abbiamo
... perduto ... il ... loro ... linguaggio ...

... è un ... liguaggio ... fatto di simboli ... ora noti ... ora sconosciuti ...
... sono forme ... geometriche ... regole antiche ... ritenute ... magiche ...
... divine ... "sacre" ...

... ciò che per noi sono semplici figure ... quadrati ... rettangoli ...
... triangoli ... pentagoni ... angoli di dimensioni particolari ...
... simmetrie ... o ... allineamenti particolari ... per i nostri antenati ...
... costituivano il linguaggio ... segreto che faceva dialogare l'uomo ...
... con ... il ... divino ...

... non semplicemente ... geometria ... ma ... forme ... "sacre" ...
... e ... chissà ... quali nomi davano a ... queste ... forme ... "sacre" ...

... in questo secondo libro della COLLANA
... "INTUIZIONI GEOMETRICHE" ...
... andiamo ... insieme ... alla ricerca di questi significati:
- ... le forme delle ombre disegnate dal sole ...
- ... le direzioni fondamentali ... Nord ... Est ... Sud ... Ovest ...
- ... la geometria "sacra" ... nelle figure geometriche ... e nei suoi angoli
- ... la losanga... disegnata dal sole ... e legata ai paralleli terrestri ...

\- ... il quadrato ... la sua diagonale ... il raddoppio delle figure ...

\- ... il rettangolo e le ... radici quadrate ... e ... ... altro ....

... tutte queste nuove ... cose ... che ... insieme ... scopriamo ...

... le applichiamo ... in questo lavoro ... per studiare la ...

... PIRAMIDE DI CHEOPE ...

... anche in questo lavoro ... troviamo ... strade diverse per ...

raggiungere lo stesso ... obiettivo ...

... anche in questo lavoro ... scopriamo che ...

... la verità non è mai una ... e ... l'unica ... "certezza" ...

... rimane il ... "dubbio" ... delle nostre ...

... presunte ... verità ...

... anche con questo libro ...

spero veramente di poter coinvolgere ed accontentare il maggior
numero di persone ... di trovare nuovi compagni e compagne ...

... di **viaggio** ...

... sia per questo **viaggio** che per i successivi ... della

... COLLANA - **INTUIZIONI GEOMETRICHE** ...

... amici di ... viaggio ...

... che sapranno indicarmi errori ... inesattezze ... parti incomprensive...
o di difficile comprensione ... che subito provvederò a migliorare ...
... per facilitare il cammino ... nelle strade che ... insieme ...
... possiamo ... percorrere.

Giovanni Crocini
Solstizio d'Estate 2015

I libri della

COLLANA

INTUIZIONI GEOMETRICHE

Parte Prima

1
IL SOLE ...

LE SUE OMBRE

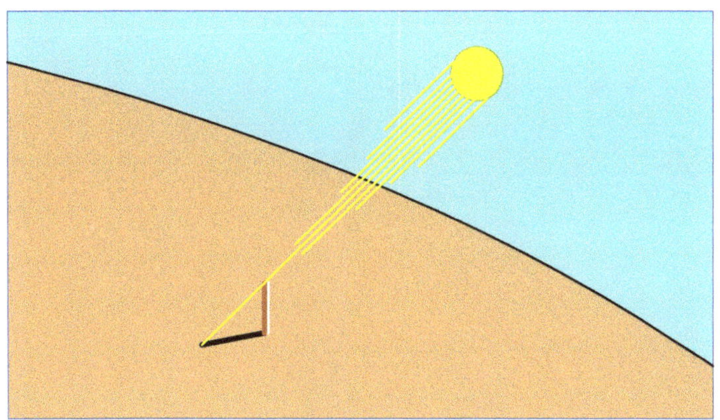

... Stonehenge ...
... sito neolitico ... situato in Inghilterra ...nello ... Wiltshire ...

... nel 1986 fu inserito nella lista dei ... patrimoni ... dell'Umanità ...
... dell'Unesco ...

... la data della sua realizzazione ... non è certa ...
... 3100 a.c. ... 2000 a.c. ...

... la sua funzione ... non è certa ...
... un tempio ? ... un osservatorio astronomico ? ...

... una cosa è certa ...
.. il suo rapporto con il Sole ...

... perché iniziamo con l'immagine di Stonehenge ...
... perché ritengo questa immagine molto significativa ...
... ci fa comprendere lo stretto rapporto tra ...

==...l'**Uomo** ... e il ... **Sole** ...==

... il Sole è stato per l'Uomo la scintilla che ha innescato la sua
... curiosità ... il suo ... pensare ... il suo sentirsi parte del tutto ...

... dai movimenti apparenti del Sole l'Uomo ha cominciato a scandire
il ... tempo ... le stagioni ...
... la durata del giorno ... i mesi ... gli anni ...

... nei cicli del Sole ... periodici ... puntuali ogni anno ...
...l'Uomo ha saputo individuare giorni particolari:
... gli ... **EQUINOZI** ...
... i ... **SOLSTIZI** ...

... il Sole fu considerato come un ... dio ...
... da lui dipendeva tutto quanto riguardava la vita dell'Uomo ...

... per il Sole ... l'Uomo ha realizzato ...
... templi ...
... riti religiosi ...
... per millenni la vita dell'Uomo dipese dal Sole ...
... era il Sole il motore ... la causa di tutto ciò che avveniva ...
... sia nel ... bene ... che nel ... male ...

... aldilà di ogni considerazione ... è ... certo ... che il Sole ...
ha avuto una parte ... importantissima ... nello sviluppo e nella
crescita del pensiero dell'Uomo ...
... è stato uno stimolo ... forse quello ... iniziale ?...

... forse è stata l'osservazione
del ... movimento ...
dell'ombra di un palo
durante il giorno
che ha ... incuriosito ...
l'Uomo ?

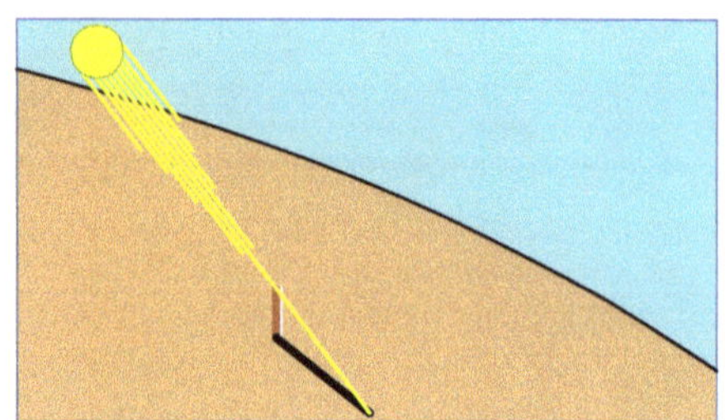

... il variare della ... direzione
dell'ombra ...
durante il giorno ...

... il suo ripetersi ...
ogni giorno ...
... e ...
sempre diversa nella
... sua lunghezza ...
negli stessi momenti
della ... giornata ...

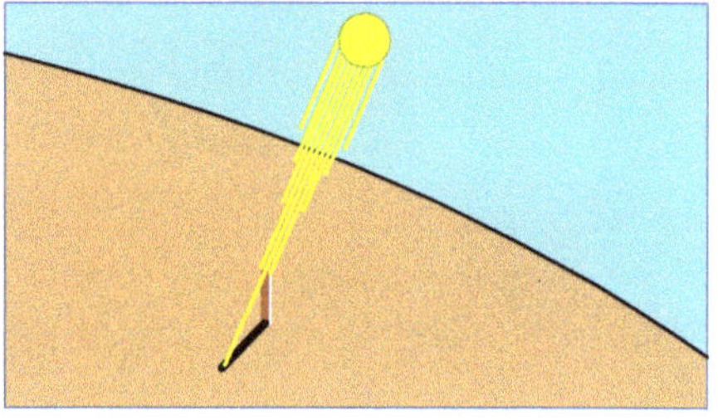

... certamente queste ...
semplici riflessioni ...
(semplici per noi oggi)
... impiegarono ... secoli ...
per consentire all'Uomo
di trarre conclusioni ... che ...
hanno inciso profondamente
nello ... sviluppo ... del ... suo
... **sapere** ...

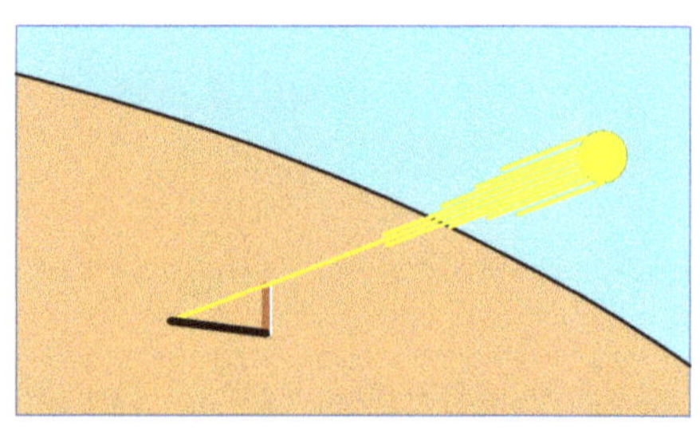

... la grande ... svolta ... avvenne il giorno in cui ... l'Uomo ...
notò che ... a metà del giorno ... di qualsiasi ... giorno ...
... l'ombra del palo ... aveva ... sempre ... la ... stessa ... direzione ...

... diversa era la lunghezza ... nei diversi giorni ...
... ma la direzione rimaneva ... sempre ...
... invariata ...

... passarono ancora secoli ... quando un bel giorno ... comprese ...
... il perchè della stessa direzione ...
e
... il perchè della variazione di lunghezza ...

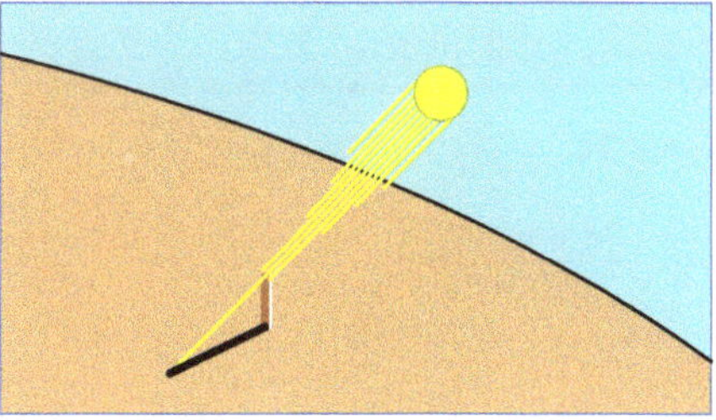

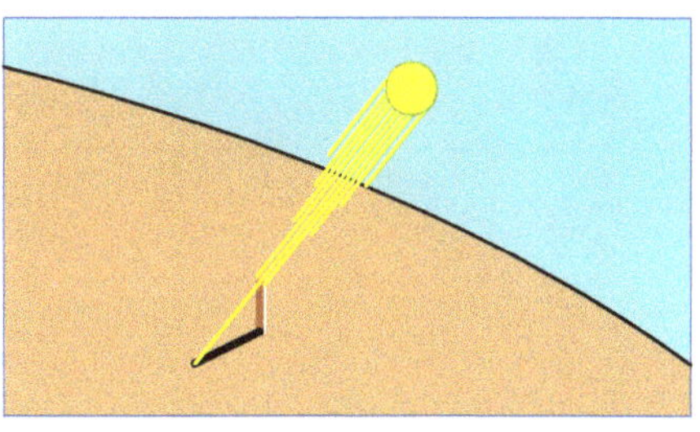

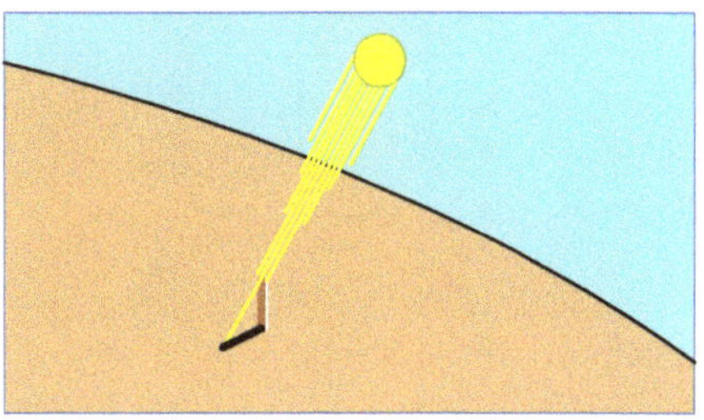

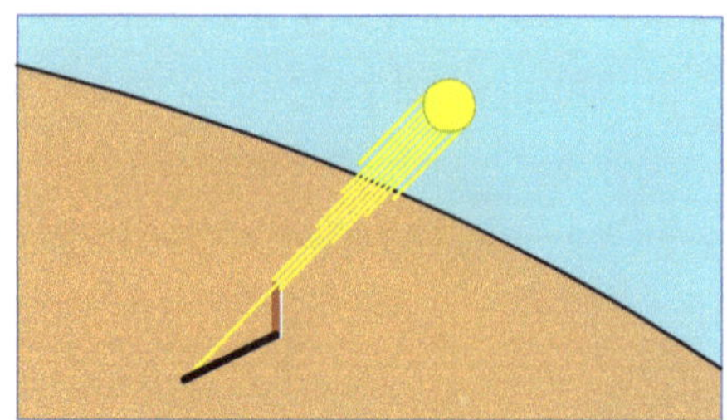

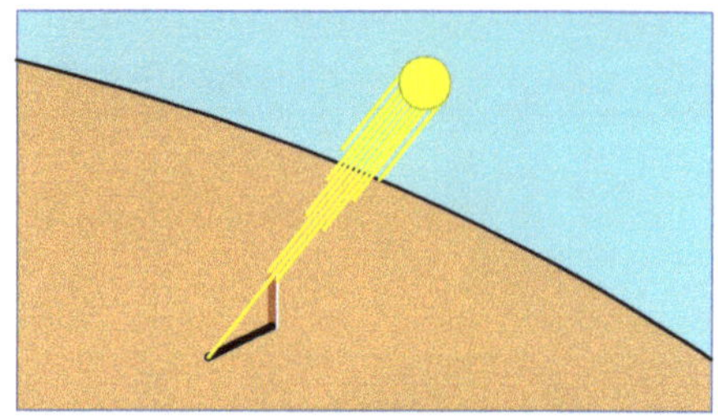

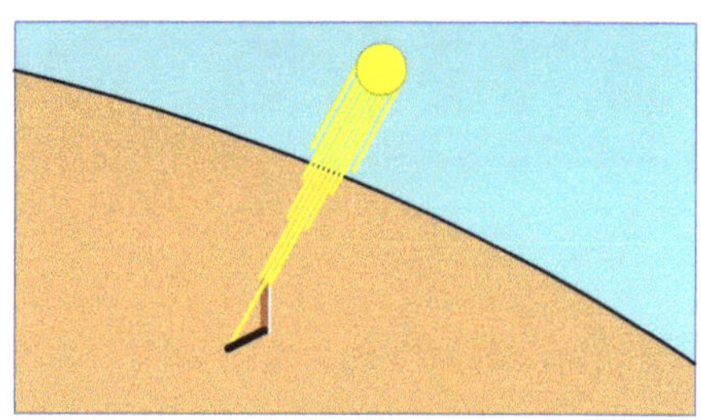

... questa grande scoperta ... permise all'Uomo ... di ...
definire:
- le stagioni ...
- l'anno solare ...
- i periodi per la semina ...
- i periodi del caldo ... del freddo ...
- i periodi delle piogge ...
- ... e molto altro ...

... queste ... grandi ... scoperte ... permisero ... all'Uomo ...
... di definire ...
... l'orientamento ...

... per noi oggi è cosa ...
... normalissima ...
dire che il sole nasce a ... Est ...
... tramonta a Ovest ... e che a
mezzogiorno ... ora solare ...
... l'ombra di un palo verticale ...
indica la direzione ... **Nord** ..

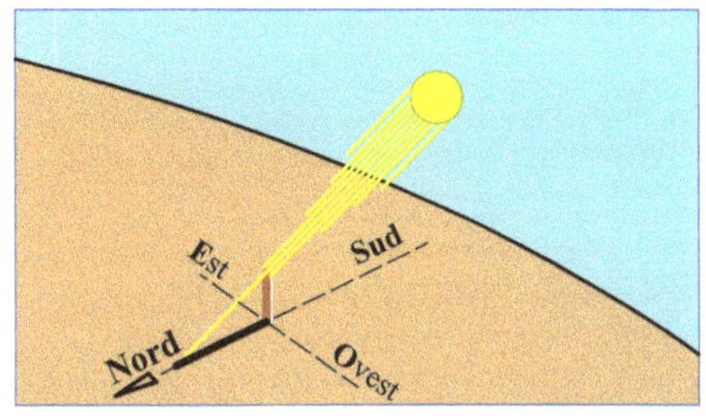

... quanti secoli passarono
prima che l'uomo potesse
raggiungere queste conclusioni ...
... moltissimi ...

... da quel momento diede
importanza alla direzione
della ... nascita del Sole ...
e la chiamò ... **EST** ...

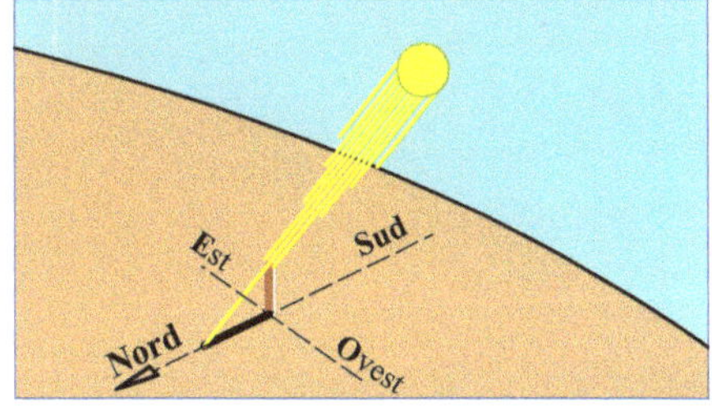

... in quella direzione ...
... orientò ...
gran parte delle costruzioni
dedicate al ... Sole ...
o ritenute importanti
per la vita della comunità

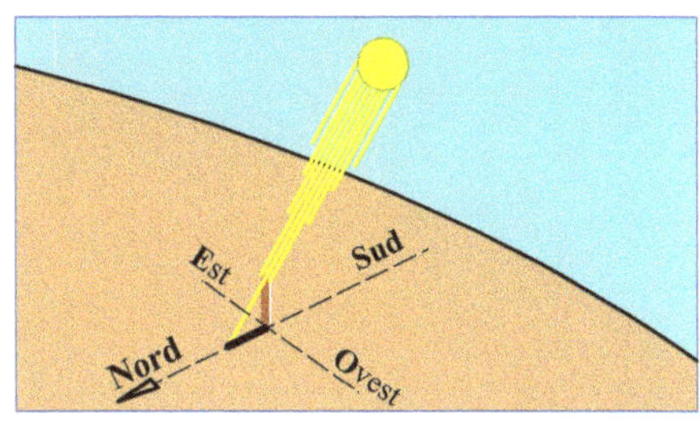

... sapendosi ... **orientare** ... l'Uomo potè spostarsi ed allontanarsi
dal proprio villaggio con più ... sicurezza ... e ... consapevolezza ...

Parte Seconda

2
NORD - EST - SUD - OVEST

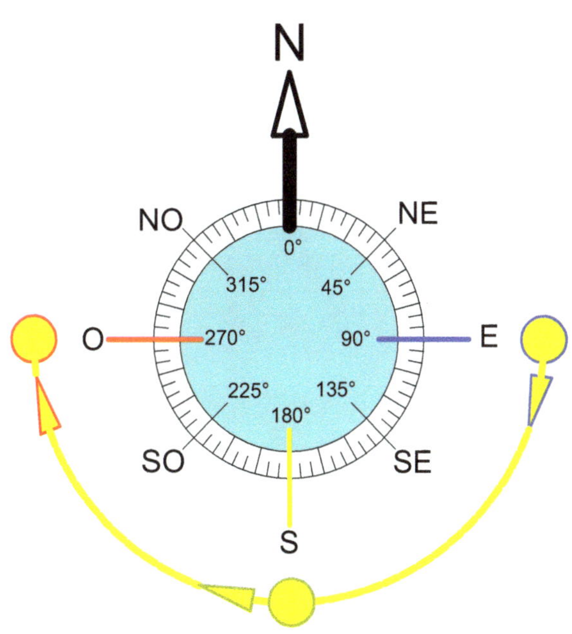

... penso che questo ... **simbolo** ... sia oggi compreso dalla maggior parte delle persone ...

... tutti sanno che rappresenta i quattro punti cardinali ...

... Nord - Est - Sud - Ovest ...

... che il Nord indica ... nel nostro emisfero ... il Polo Nord ...

... la direzione nella quale troviamo ... la Stella Polare ...

... penso ... che non tutti sappiano ...

... che sia anche la ... direzione dei raggi solari a ... mezzogiorno ...

... in qualsiasi ... parte ... del nostro ... emisfero ...

... e che questa direzione rimane invariata ... per moltissimo ... tempo ...

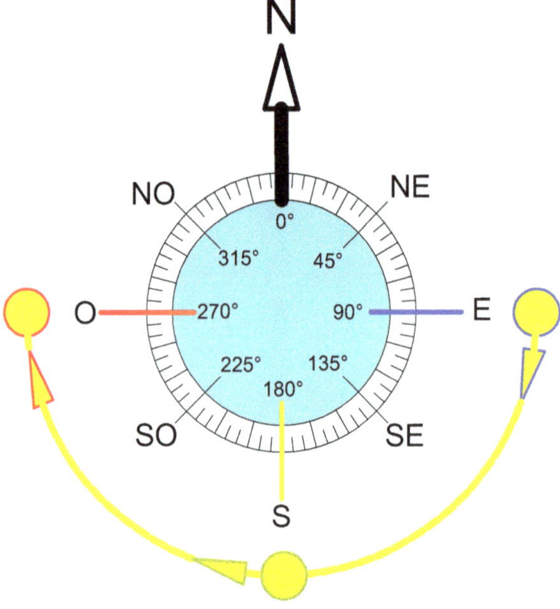

... per quanto riguarda EST e OVEST tutti sappiamo che ... EST... rappresenta la direzione dove nasce il sole ogni giorno ...

... e che ... OVEST ... rappresenta la direzione dove tramonta il sole ogni giorno ...

... ma ... mentre le direzioni NORD e SUD sono fisse, ...

... tutti i giorni le stesse, ...

... per ... EST e OVEST ... non è così ...

... ogni giorno ... cambiano ... direzione ...

... cerchiamo di capire il perché ...

... la direzione indicata nel ... simbolo, ... che rappresenta i quattro punti ... cardinali, ... riferita a ... **Est** e a **Ovest,** ... è valida solo per ... **due giorni** ... nell'anno e precisamente ...

... l'EQUINOZIO di PRIMAVERA ...

... e ...

... l'EQUINOZIO d'AUTUNNO ...

*... gli ... EQUINOZI ... sono due giorni molto significativi poichè ... in questi due giorni ... la durata del ...**giorno** ... è ... ... **uguale** ... alla durata ... ... della ... **notte** ...*

... in questi due giorni il Sole sorge esattamente nella direzione perpendicolare alla direzione ... Nord - Sud

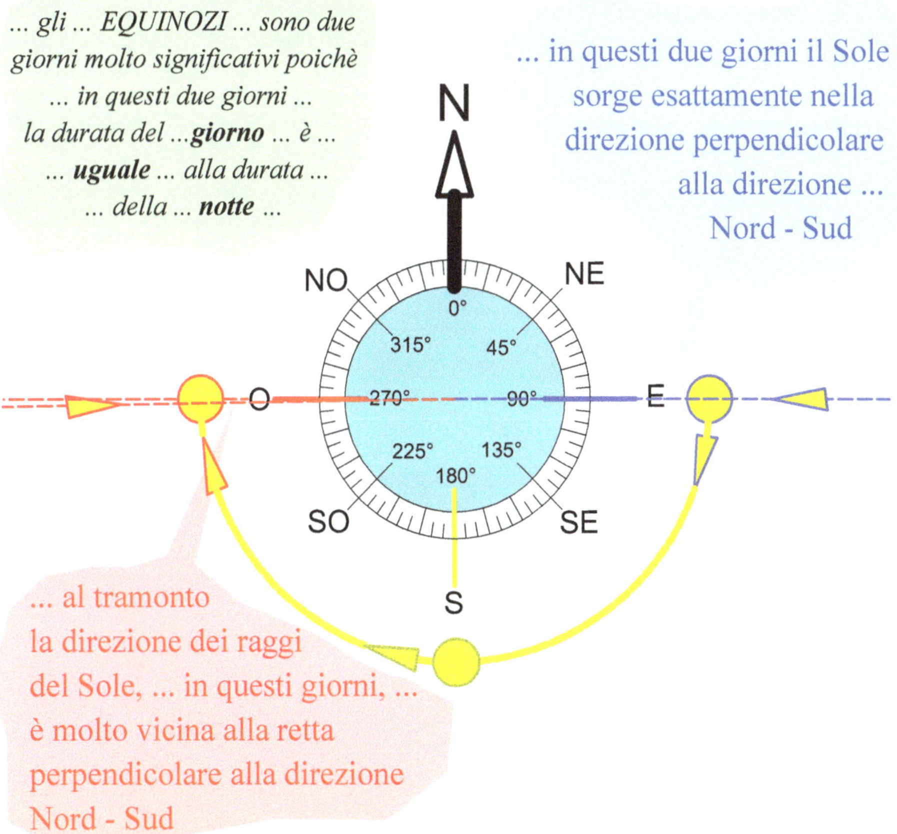

... al tramonto la direzione dei raggi del Sole, ... in questi giorni, ... è molto vicina alla retta perpendicolare alla direzione Nord - Sud

... la direzione del sorgere del Sole corrisponde esattamente a quanto sopra detto, ... mentre la direzione al tramonto del Sole ... non è, ... come normalmente si pensa, ... esattamente su quella linea ... ma ... si discosta ... meno di mezzo grado ... e questo è dovuto al percorso che il Sole compie in mezza giornata ...

... prendiamo in considerazione il giorno del ...
... SOLSTIZIO d'ESTATE ...

... è questo il giorno più lungo dell'anno ... il Sole a mezzogiorno
raggiunge la massima altezza nella verticale ...

... nella latitudine dove si trova la Provincia di Massa Carrara ...
riscontriamo questi dati:

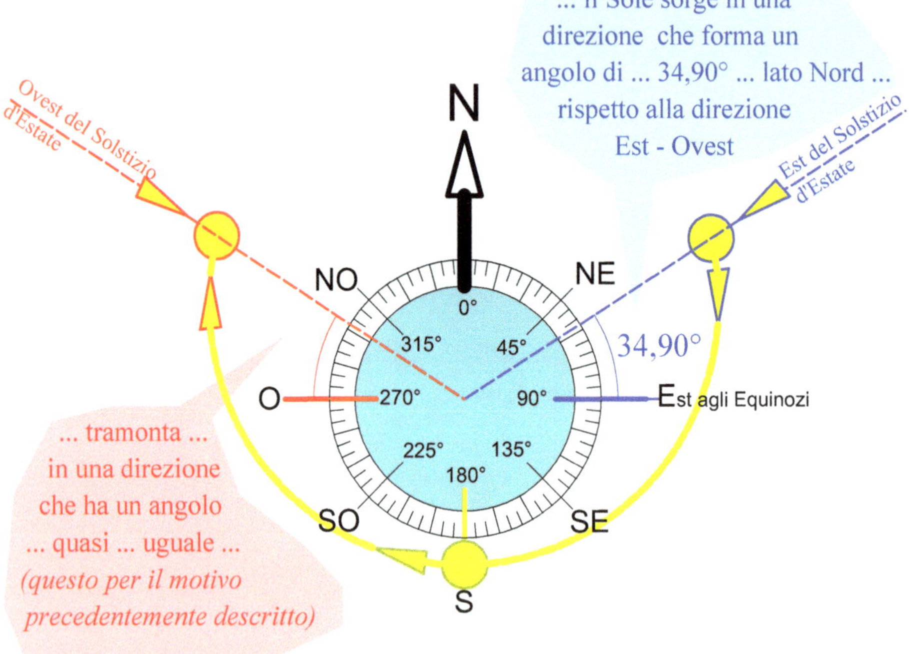

... il disegno fa comprendere chiaramente che ...
... il punto dove ... **sorge** ... il Sole al ... **SOLSTIZIO d'ESTATE** ...
non corrisponde ... a ... **EST** ... dei giorni ... **degli EQUINOZI** ...

... l'EST ... del ... SOLSTIZIO d'ESTATE ...
... è ... diverso ... ha ... un'altra ... posizione ...

... prendiamo in considerazione il giorno del ...
... SOLSTIZIO d'INVERNO ...

... è questo il giorno più corto dell'anno ... il Sole a mezzogiorno
raggiunge la minima altezza nella verticale ...

... nella latitudine dove si trova la Provincia di Massa Carrara ...
riscontriamo questi dati:

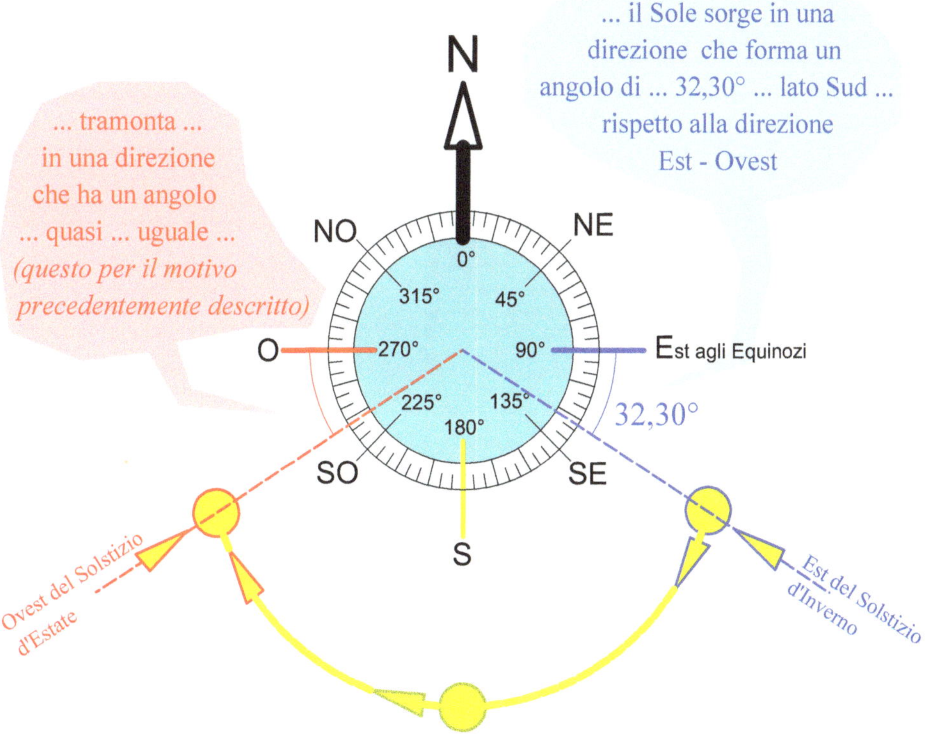

... il disegno fa comprendere chiaramente che ...
... il punto dove ... **sorge** ... il Sole al ... **SOLSTIZIO d'INVERNO** ...
non corrisponde ... ne ... a ... **EST** ... dei giorni ... degli **EQUINOZI** ...
... ne ... a ... **EST** ... del giorno ... del ... **SOLSTIZIO d'ESTATE** ...

... l'**EST** ... del ... **SOLSTIZIO d'INVERNO** ...
... è ... diverso ... ha ... un'altra ... posizione ...
...più ... vicina ... a ... Sud - Est ...

... sovrapponiamo le traiettorie significative che il Sole disegna
nel suo percorso nei seguenti quattro giorni dell'anno:

... EQUINOZIO di PRIMAVERA ...

... SOLSTIZIO d'ESTATE ...

... EQUINOZIO d'AUTUNNO ...

... SOLSTIZIO d'INVERNO ...

... le posizioni del sorgere del Sole ed del suo tramontare ... in questi
giorni ... ci consentono di individuare gli archi entro i quali possiamo
collocare tutti i punti ... **EST** ... del sorgere del Sole ...

... e tutti i punti ... **OVEST** ... del suo tramontare ... in un ... anno ...

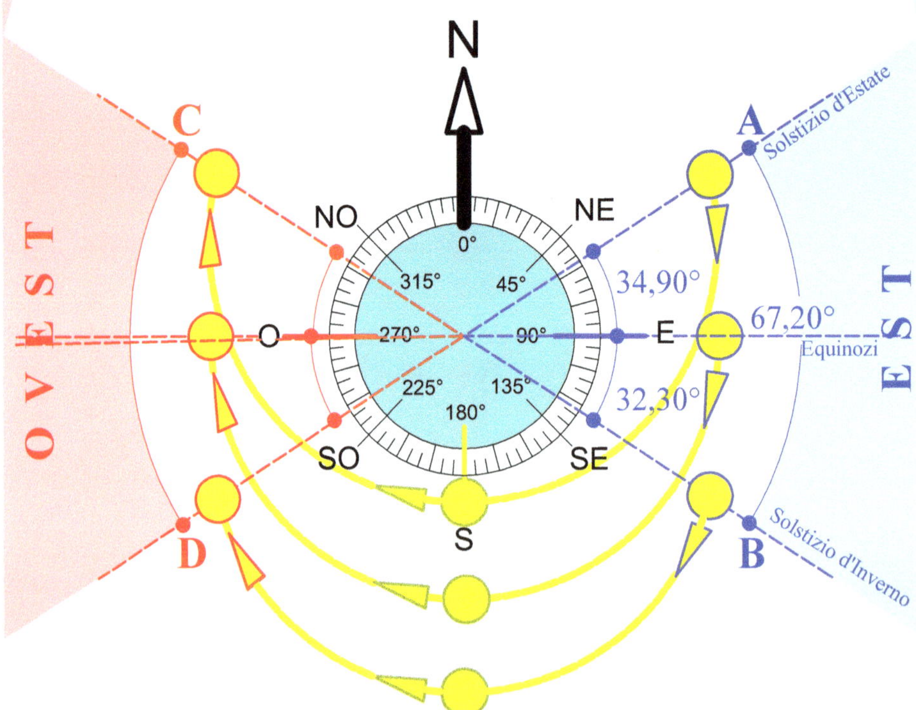

... dal punto ... **A** ... al punto ... **B** ... abbiamo i ... **182** ... *(giorni)* ...
... punti ... **EST** ... compresi in un arco di ... **67,20°**

... dal punto ... **C** ... al punto ... **D** ... abbiamo i ... **182** ... *(giorni)* ...
... punti ... **OVEST** ... compresi in un arco di ... **67,20°**

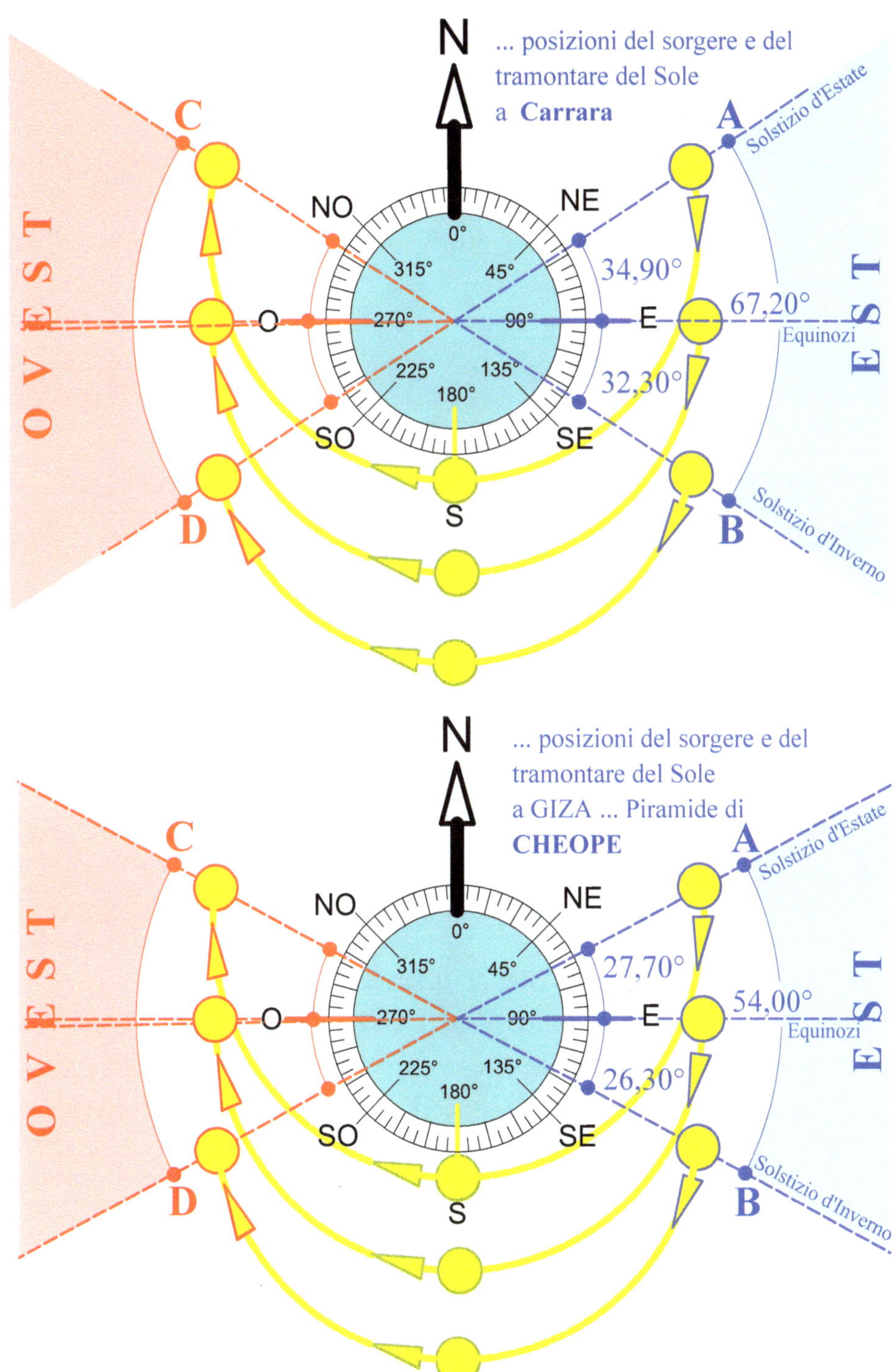
N
... posizioni del sorgere e del
tramontare del Sole
a Carrara
C
A
Solstizio d'Estate
NO
NE
OVEST
0°
315°
45°
34,90°
O
270°
90°
E
67,20°
EST
Equinozi
225°
135°
32,30°
180°
SO
SE
D
S
B
Solstizio d'Inverno
EST

N
... posizioni del sorgere e del
tramontare del Sole
a GIZA ... Piramide di
CHEOPE
C
A
Solstizio d'Estate
NO
NE
OVEST
0°
315°
45°
27,70°
O
270°
90°
E
54,00°
EST
Equinozi
225°
135°
26,30°
180°
SO
SE
D
S
B
Solstizio d'Inverno
EST

... molte civiltà orientavano i loro Templi in direzione ...

... EST ...

... a questo punto ... una domanda ... sorge ... spontanea ...

... QUALE ... EST ... ?

... EST ... degli **EQUINOZI** ... ?

... EST ... dei **SOLSTIZI** ... ?

... EST ... di ... quale giorno ?

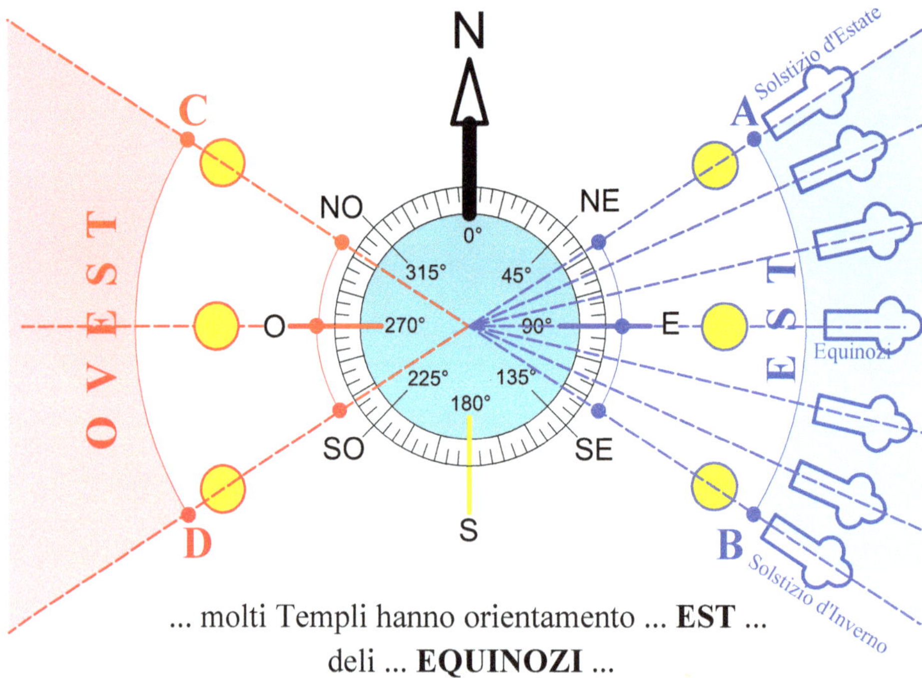

... molti Templi hanno orientamento ... **EST ...**

deli ... **EQUINOZI ...**

... altri sono orientati nelle direzioni ... **EST ... SOLSTIZIALI ...**

... altri hanno orientamento ... **EST ...** del giorno corrispondente

alla ... nascita ... della divinità ... alla quale veniva ... dedicato ...

... il Tempio ... (*esempio: il Partenone*)

... quindi ... quando diciamo ... orientamento in direzione ...

... EST ... affermiamo una cosa non precisa ... mancante ... della ...

... motivazione ... che giustifica ... e ... da ... un ... senso ...

... all'orientamento ... dell'opera ... che stiamo ... considerando ...

Parte Terza

3
GEOMETRIA "SACRA"

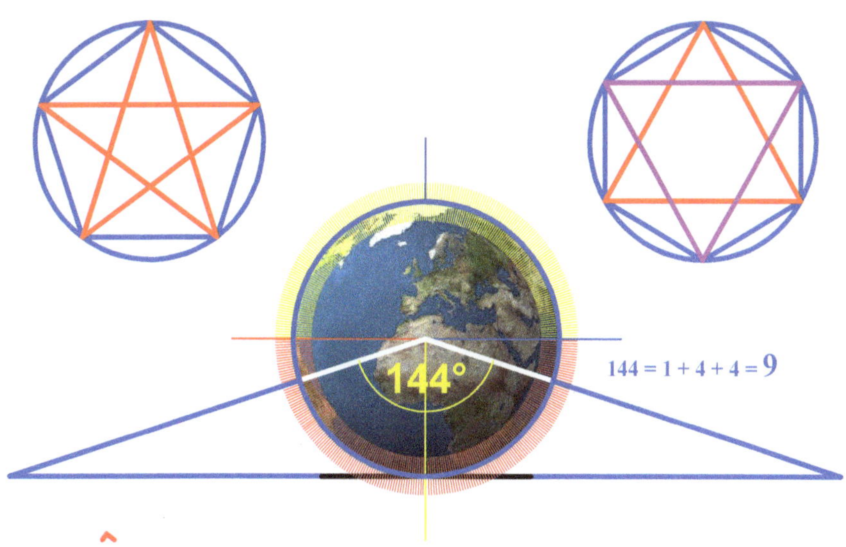

*"Il termine **geometria sacra** è anche usato per indicare l'applicazione della geometria alla religione e all'esoterismo, come conseguenza diretta della concezione del cosmo ... ...*

Gli oggetti geometrici che occupano un ruolo più importante in ambiti sacri e/o esoterici sono quelli che presentano più simmetrie, quali ad esempio i solidi platonici o i poligoni regolari, o quelli che genericamente richiamano un'idea astratta di eleganza e di bellezza, quali la sezione aurea.

Tali forme geometriche sono usate in tutte le culture nella costruzione e strutturazione di edifici sacri come templi, moschee, megaliti, monumenti, chiese, nonchè di spazi sacri come altari, ...e tabernacoli, oltre che nella creazione dell'arte sacra.

Le stesse strutture geometriche (come la sezione aurea, le piramidi, o i poligoni regolari) sono presenti nell'antica architettura egizia, greca e romana, nonché nell'Europa medievale cristiana.

Le comunità spirituali dell'India e dell'Himalaya costruirono templi e fortificazioni basati su strutture geometriche dette mandala e yantra.
(da Wikipedia, l'enciclopedia libera)

... andiamo ad esaminare alcune forme geometriche che rientrano nella ... **geometria "sacra"** ... come sopra enunciata ...

... le figure che esaminiamo ... non rappresentano la totalità delle forme geometriche ritenute ... "sacre" ...
analizziamo alcune di queste ... figure ... che ci ... aiutano ...
a rendere più comprensibile ... il lavoro ... che andiamo a svolgere...

... vediamo alcuni ... **Triangoli Aurei** ... significativi ...

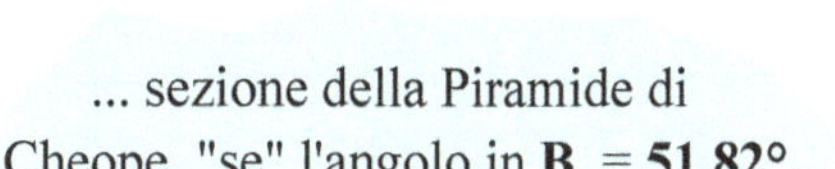

il triangolo isoscele con l'angolo
al vertice = **108°**, è un ...
... **Triangolo Aureo** ...
A-C : A-B = 1,618033...
A-C : B-C = 1,618033...

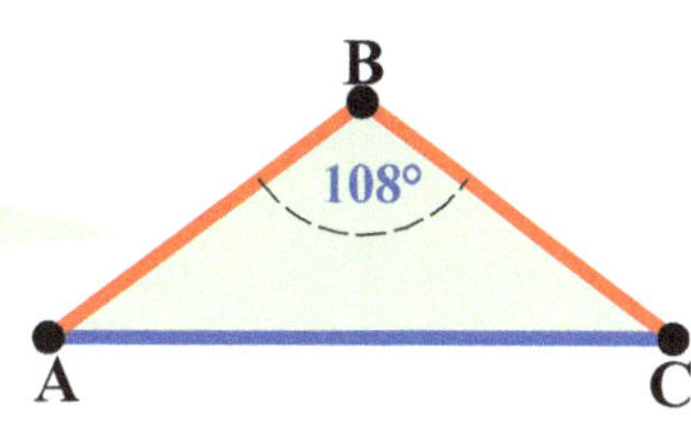

... sezione della Piramide di
Cheope, "se" l'angolo in **B** = **51,82°**...

...il triangolo **A-B-C** ... "è" ... un ...
... **Triangolo Aureo** ...
A-B : B-C = 1,618033...

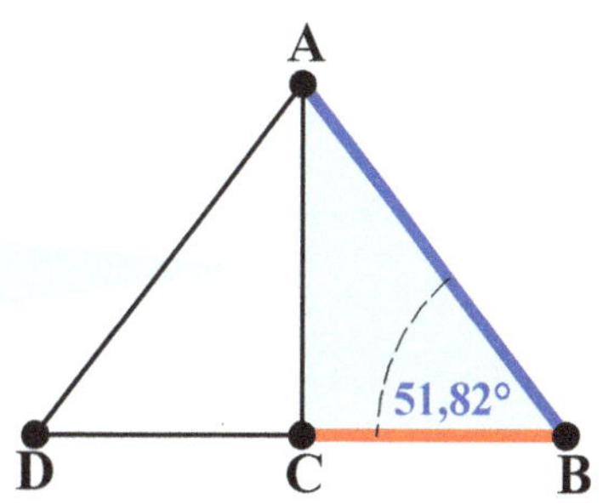

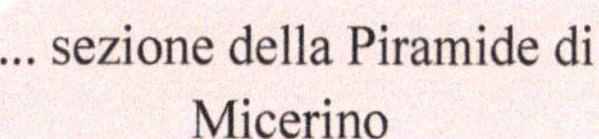

... sezione della Piramide di
Micerino

...il triangolo **A-B-C** è un ...
... **Triangolo Aureo** ...
A-B : C-D = 1,618033...

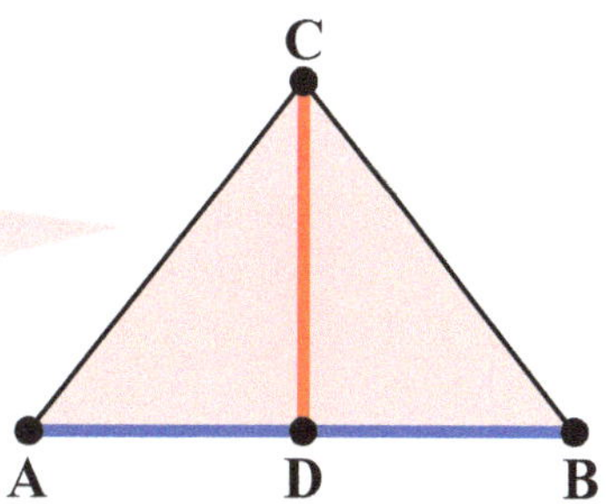

... particolare triangolo retto ... che
abbiamo preso in considerazionenel libro
"Sezione Aurea e Successione Fibonacci"

... è retto in ... **D** ... e
l'altezza **D-B** divide la base
A-C in due segmenti ... in ...
... **RAPPORTO AUREO** ...
A-B : B-C = 1,618033...

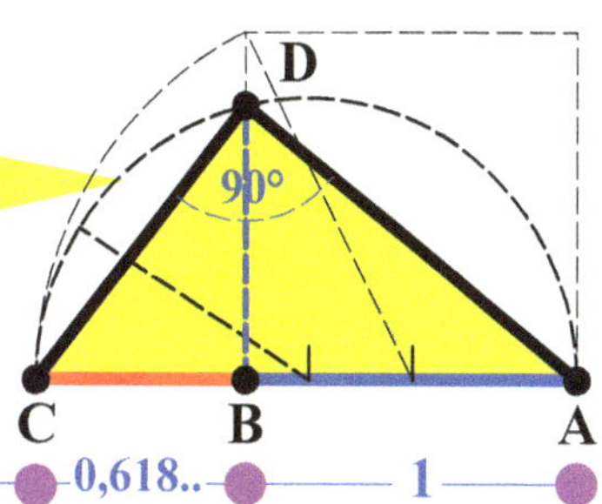

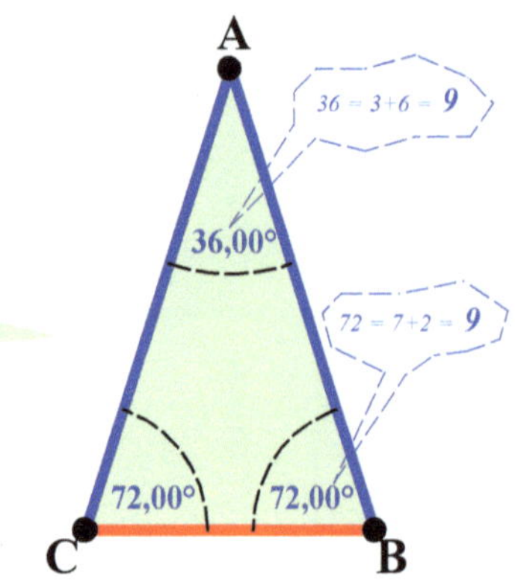

il triangolo isoscele con l'angolo
al vertice = **36,00°**, è un ...

... **Triangolo Aureo** ...

A-B : B-C = 1,618033...

A-C : B-C = 1,618033...

... Triangoli ... Aurei ... nel ... PENTAGONO ...

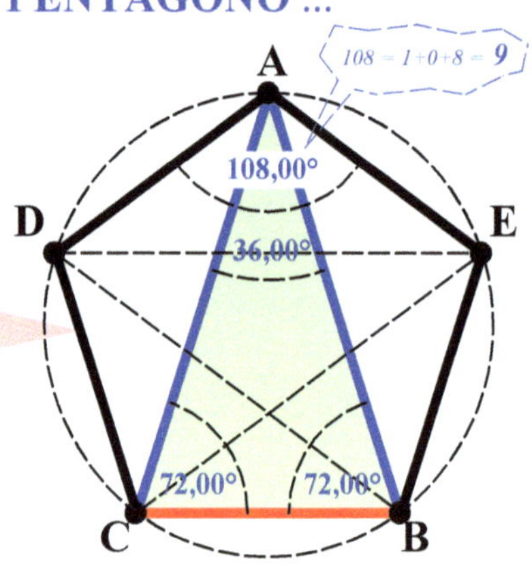

... il Pentagono con angoli interni
... 108,00° ...

...il triangolo **A-B-C** compare 5 volte ...

... E-C-D ...

... B-D-A ...

... C-A-E ...

... D-E-B ...

... nella ... Stella ... a ... 5 ... Punte ...

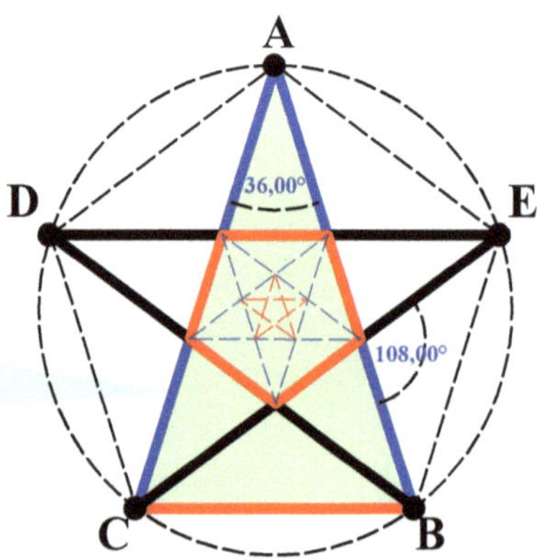

... la Stella a 5 punte ...
... con i 5 angoli nei vertici di ...
... **36,00°** ...

... come abbiamo visto nel libro ...
... **"Sezione Aurea e
Successione Fibonacci"** ...
... la Stella a 5 punte ... o ...PENTACOLO ...
ha tutti i suoi segmenti
in ... **RAPPORTO AUREO** ...

(... per uno studio più approfondito del pentagono e della stella a 5 punte si rimanda al libro n. 1 "Sezione Aurea e Successione Fibonacci" ... Parte Ottava ...)

... la ... "Terna Pitagorica" ... è
... una delle cose ... conservate ...
nella memoria storica dell'Uomo ...
... perché ? ...
... perché è ancora in uso nei
cantieri edili ... molti operai
la ... conoscono ...

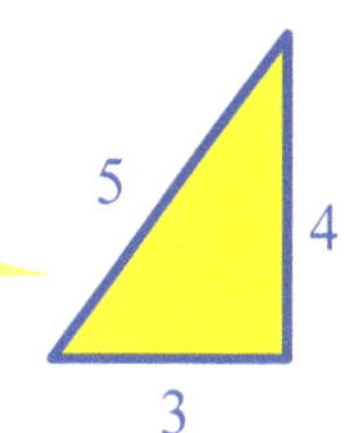

5
4
3

... con la ... "Terna Pitagorica" ...
riusciamo a costruire
un triangolo retto ... usando ...
3-4-5 ... oppure ...
i loro multipli 6-8-10
o sottomultipli 1,5-2-2.5
... otteniamo... la ... squadra ...

10
5
2,5
2   4   8
90°
1,5
3
6

... tutto questo ... in virtù ...
... del ...
... "Teorema di Pitagora" ...
...(nei triangoli retti) ...
"la somma dei quadrati
costruiti sui cateti
è uguale al
quadrato
costruito
sull'ipotenusa"

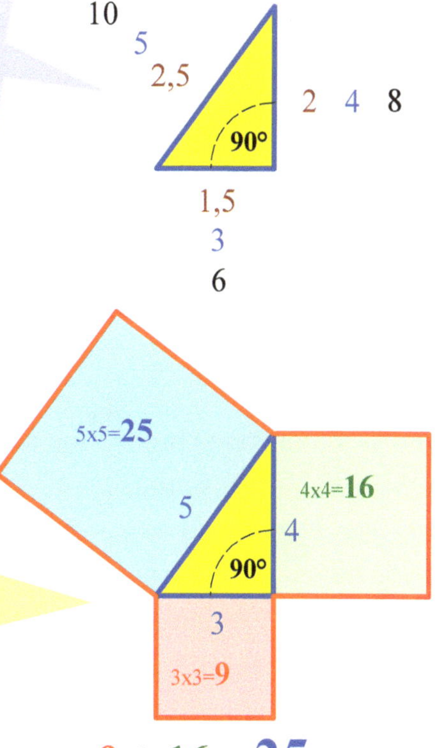

5x5=25
4x4=16
5
4
90°
3
3x3=9
9 + 16 = 25

... questo ... nei cantieri ...
non viene ricordato ...
... è rimasta la ... memoria ... tramandata ...
... limitatamente... alla ... pratica ... manuale ... del ... 3-4-5 ...

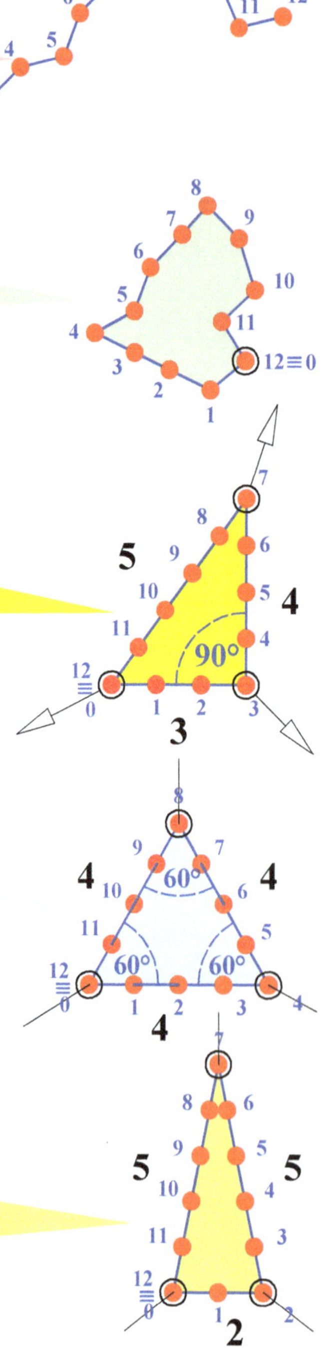

... con lo stesso procedimento usiamo
i punti ...
... 12/0 - 4 - 8 ...
... otteniamo il ...
... **Triangolo Equilattero** ...
... spazi ... 4 - 4 - 4 ...

... vediamo alcuni Angoli significativi ...

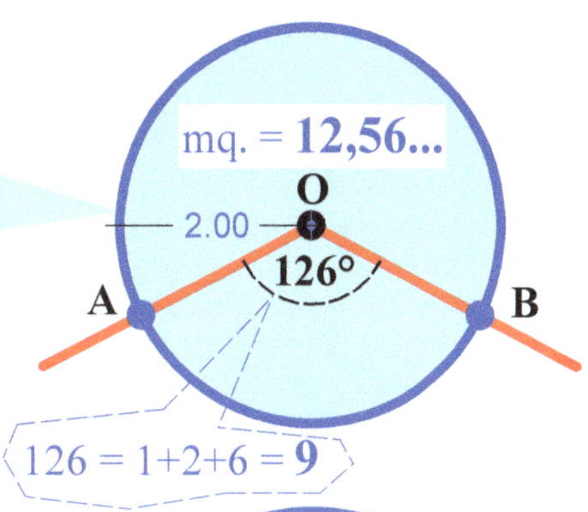

... disegnamo una circonferenza
di raggio ml. **2,00** ...
... tracciamo dal centro ... **O** ...
un angolo di ... **126°** ...
... individuiamo i punti ...
... **A** ... e ... **B** ...

...la circonferenza ha superficie...

pari a ... mq. 12,56 ...

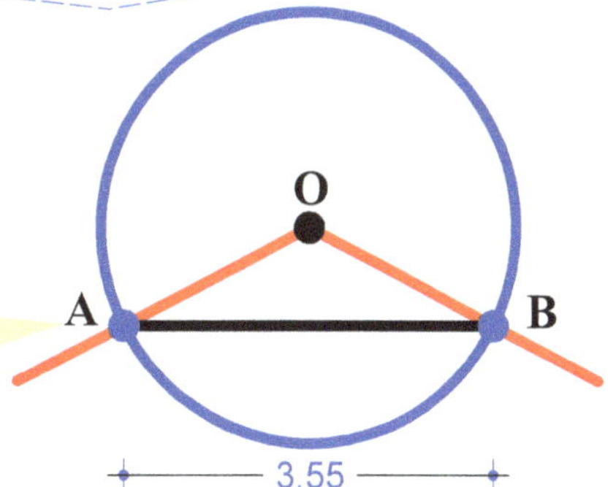

... uniamo ... **A** ... con ... **B** ...
... ed abbiamo disegnato ...
... il segmento ...
... **A-B** ...
... di ... ml. **3,55** ...

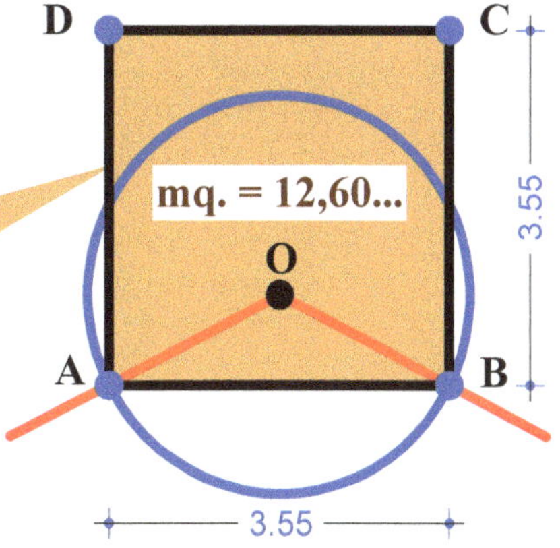

... disegnamo il quadrato ...
... **A-B-C-D** ...
... il quadrato ha superficie ...
pari a ... mq. 12,60 ...

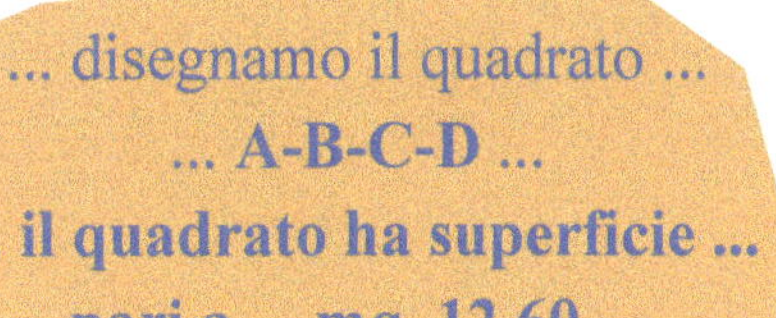

12,60 - 12,56 = 0,04 mq.

pari al ... 0,3174 % ...

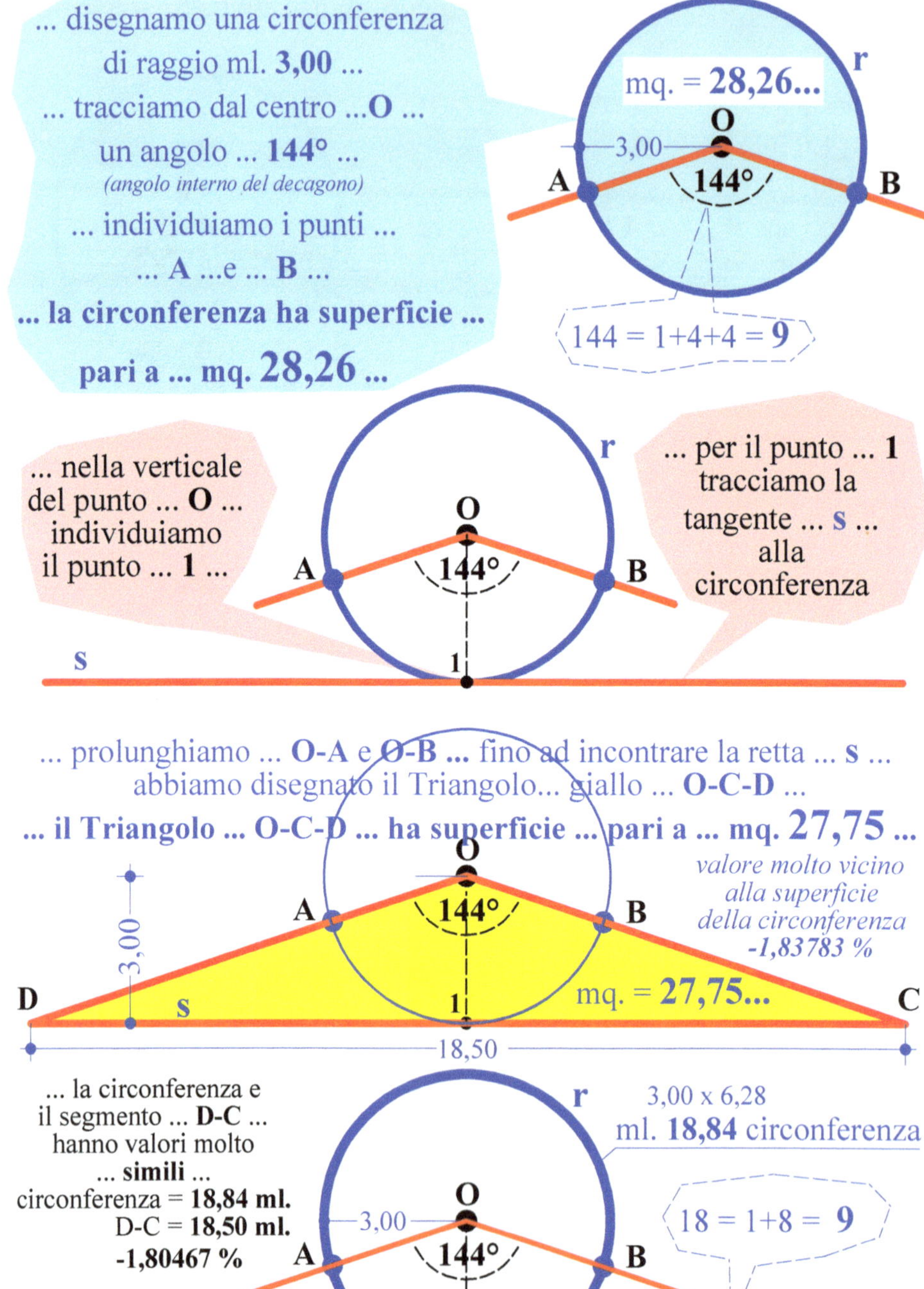
... disegnamo una circonferenza
di raggio ml. 3,00 ...
... tracciamo dal centro ...O ...
un angolo ... 144° ...
(angolo interno del decagono)
... individuiamo i punti ...
... A ...e ... B ...
... la circonferenza ha superficie ...
pari a ... mq. 28,26 ...
mq. = 28,26...
r
O
3,00
A
144°
B
144 = 1+4+4 = 9
... nella verticale
del punto ... O ...
individuiamo
il punto ... 1 ...
r
O
A
144°
B
... per il punto ... 1
tracciamo la
tangente ... s ...
alla
circonferenza
s
1
... prolunghiamo ... O-A e O-B ... fino ad incontrare la retta ... s ...
abbiamo disegnato il Triangolo... giallo ... O-C-D ...
... il Triangolo ... O-C-D ... ha superficie ... pari a ... mq. 27,75 ...
valore molto vicino
alla superficie
della circonferenza
-1,83783 %
3,00
A
144°
B
O
D
s
1
mq. = 27,75...
C
18,50
... la circonferenza e
il segmento ... D-C ...
hanno valori molto
... simili ...
circonferenza = 18,84 ml.
D-C = 18,50 ml.
-1,80467 %
3,00 x 6,28
ml. 18,84 circonferenza
r
O
3,00
A
144°
B
18 = 1+8 = 9
D
18°
1
18°
C
18,50

... alcune curiosità ...

... la somma degli angoli interni di un
... triangolo è = ... **180°** ...
se applichiamo la riduzione Pitagorica si ha:

180 = 1+8+0 = 9

36 = 3+6 = 9

72 = 7+2 = 9

A-B : C-B = 1,618033...

108 = 1+0+8 = 9

C-B : A-B = 1,618033...

... 108° ... angolo interno del ...
*...**PENTAGONO** ...*

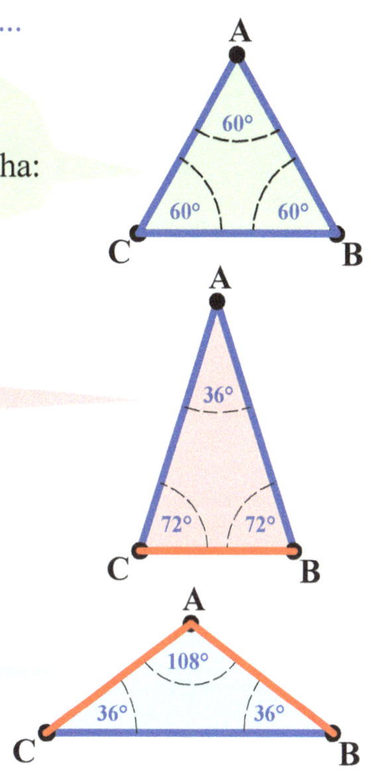

... **A-B-C** ... triangolo
isoscele retto, ... metà quadrato ...

45 = 4+5 = 9

... **B-D** ... diagonale del
... quadrato ... = $\sqrt{2}$

... somma degli angoli interni ...
... del ... **quadrato** ... A-B-C-D ...

360 = 3+6+0 = 9

... somma degli angoli interni ...
... dell'**esagono** ... A-B-C-D-E-F ...

720 = 7+2+0 = 9

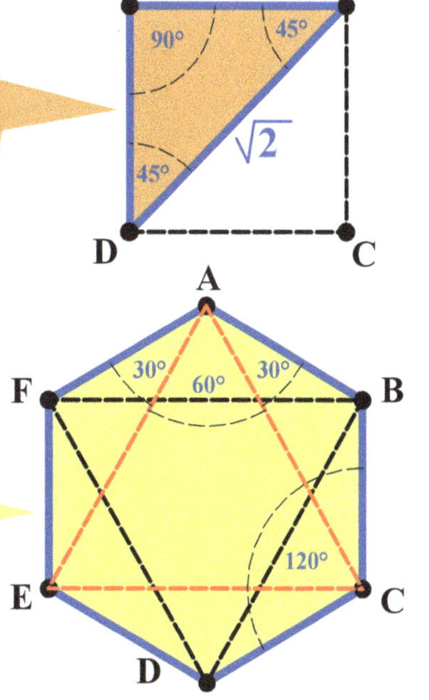

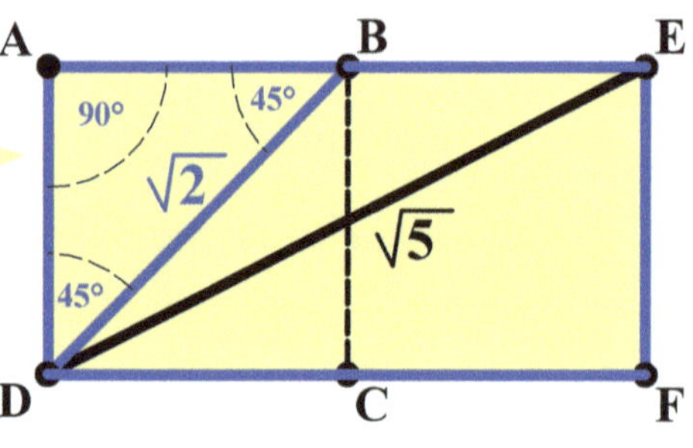

$$B\text{-}D : A\text{-}D = \sqrt{2}$$

$$D\text{-}E : A\text{-}D = \sqrt{5}$$

... questa è una ... geometria ...
che incontreremo in costruzioni
... **molto antiche** ... a.c. ...
ed anche in costruzioni più ... **recenti** ... d.c.

... in particolare ... nelle geometrie ...
contenute in costruzioni ... dove ...
... **le misure della ... Terra ...**
... **i movimenti del ... Sole ... Intervengono ...**
... **fin dai primi istanti della ... progettazione ...**

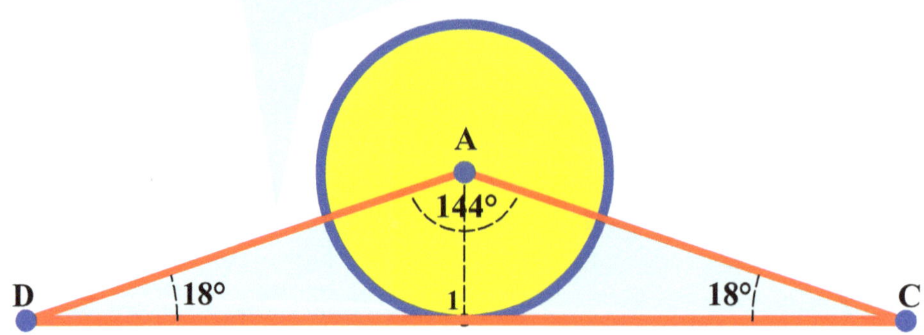

Parte Quarta

4
LA LOSANGA

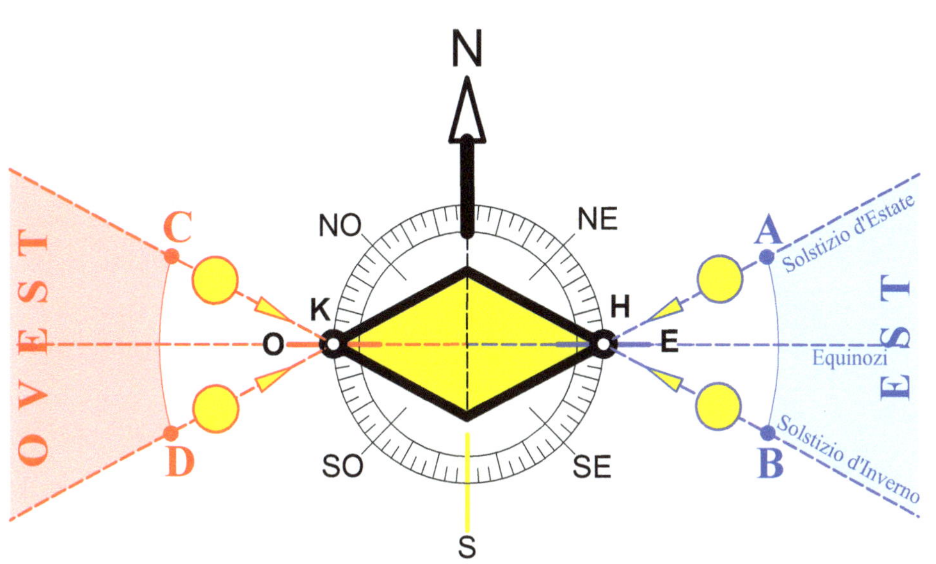

... prendiamo in esame una figura geometrica ...

... la ... **LOSANGA** ...

... poco studiata ...

ma ... a mio avviso ... molto significativa ... che ho trovato

... spesso ... negli studi geometrici relativi alle ...

... **Dimensioni dei Monumenti Antichi** ...

... per costruire e comprendere che cosa sia ... la ... Losanga ...
dobbiamo iniziare con il disegno dei quattro punti cardinali ...
... **NORD - EST - SUD - OVEST** ...
posizionarlo su un piano perfettamente ... **orizzontale** e ... orientarlo ...
... esattamente ... con la direzione ... dell'**asse** ... **EST-OVEST** ...

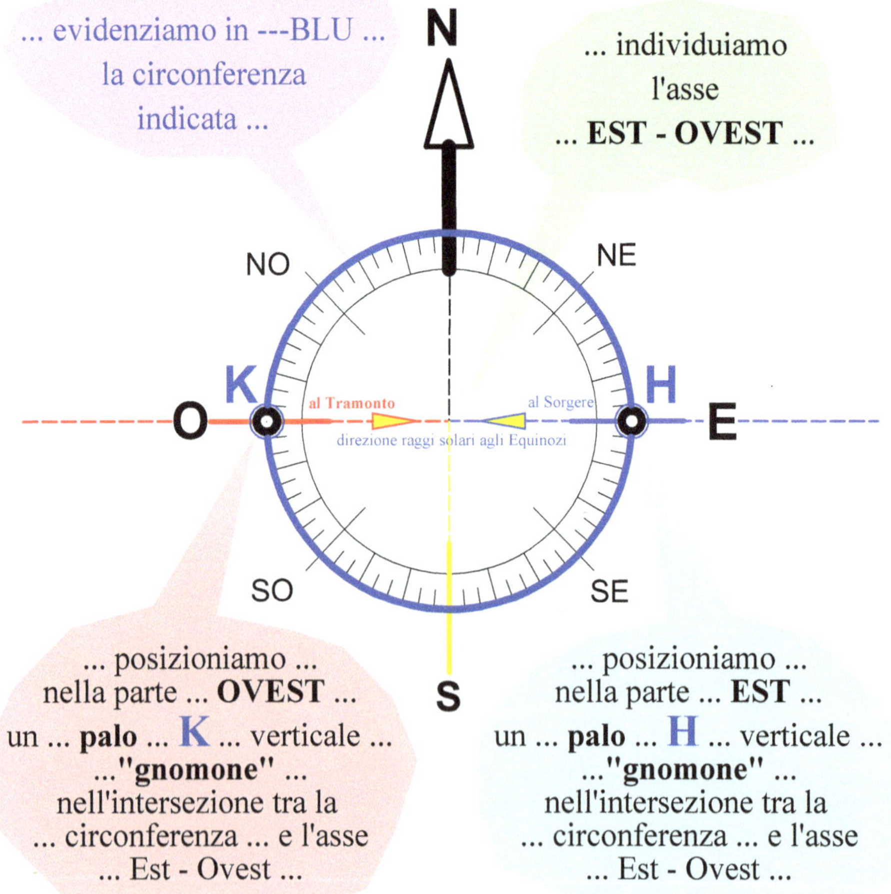

... prendiamo in esame il giorno del ... **SOLSTIZIO d'ESTATE** ...

... è il giorno più lungo e la notte più corta ...
... il Sole a mezzogiorno si trova nella parte più **alta** sulla verticale ...

... al suo sorgere ... il ... **primo** ... raggio di sole ... forma un ... **angolo** ...
compreso tra ... **EST** e **NE** ... (Nord - Est)

... i gradi di questo ... **angolo** ... variano con il variare della ...
... **LATITUDINE** ...

... **aumenta** ... con l'avvicinarsi al **Polo Nord** ...
... **diminuisce** ... con l'avvicinarsi all'**Equatore** ...

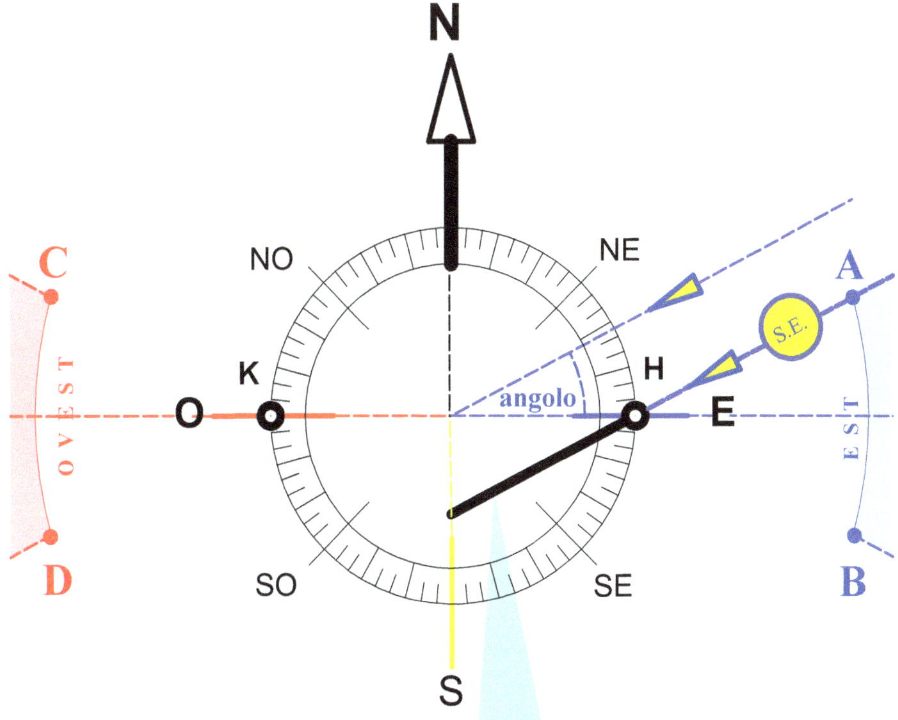

... il primo raggio di sole ... illuminando il palo ... **H** ... **"gomone"** ...
genera un'ombra che ha la stessa direzione del **primo** raggio di sole
nel giorno del ... **SOLSTIZIO d'ESTATE** ...

... al tramonto nel giorno del ... **SOLSTIZIO d'ESTATE** ...

... l'ultimo ... raggio di sole ... forma un ... **angolo** ...
compreso tra ... **OVEST** e **NO** ... (Nord - Ovest)

la direzione del raggio di sole al tramonto ...non è mai ... speculare alla direzione del raggio di sole ... al sorgere del sole nello stesso giorno...

... al tramonto ... l'**angolo** ... compreso fra ...
... **OVEST** e **NORD-OVEST** ...
è leggermente ... **minore** ... rispetto all'angolo che forma al sorgere
... nello ... stesso giorno ... questo è dovuto al fatto che:
... la ... Terra ... in ... **mezza giornata** ... percorre ... circa ...
... **mezzo grado** ... dei **360°** ... che compie in un anno ...
... nel suo ... movimento ... di ... rivoluzione ... intorno al Sole ...

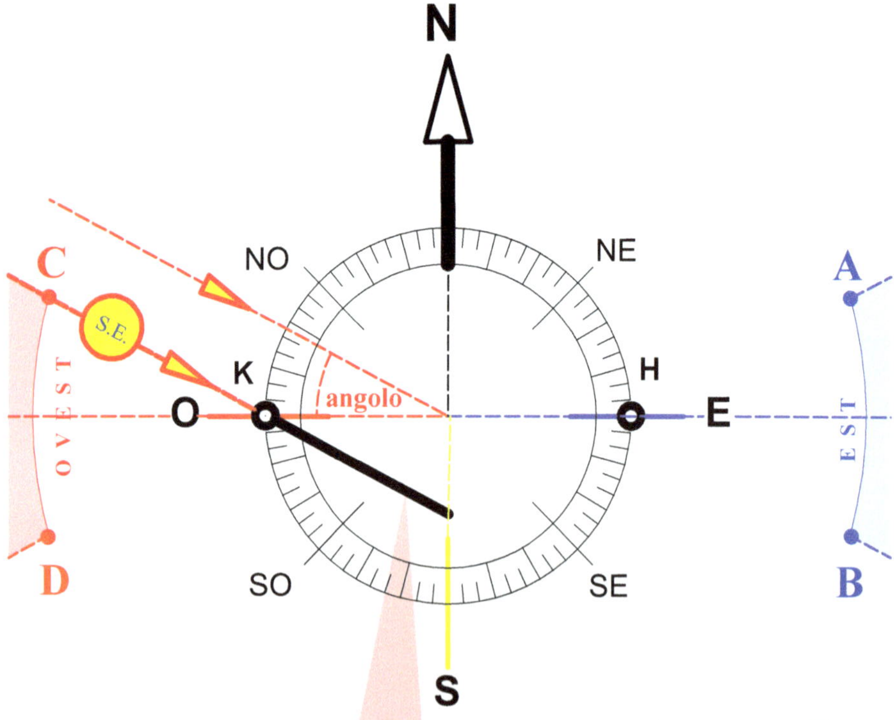

... l'ultimo raggio di sole ... illuminando il palo ... **K** ... **"gomone"** ... genera un'ombra che ha la stessa direzione dell'**ultimo** raggio di sole nel giorno del ... **SOLSTIZIO d'ESTATE** ...

... il giorno del ... **SOLSTIZIO d'INVERNO** ...

... è il giorno più ... **corto** ... e la notte più ... **lunga** ...
... il Sole a mezzogiorno si trova nella parte più **bassa** sulla verticale ...

... al suo sorgere ... il ... **primo** ... raggio di sole ... forma un ... **angolo** ...
compreso tra ... **EST** e **SE** ... (Sud - Est)

... i gradi di questo ... **angolo** ... variano con il variare della ...
... **LATITUDINE** ...

... **aumenta** ... con l'avvicinarsi al **Polo Nord** ...
... **diminuisce** ... con l'avvicinarsi all'**Equatore** ...

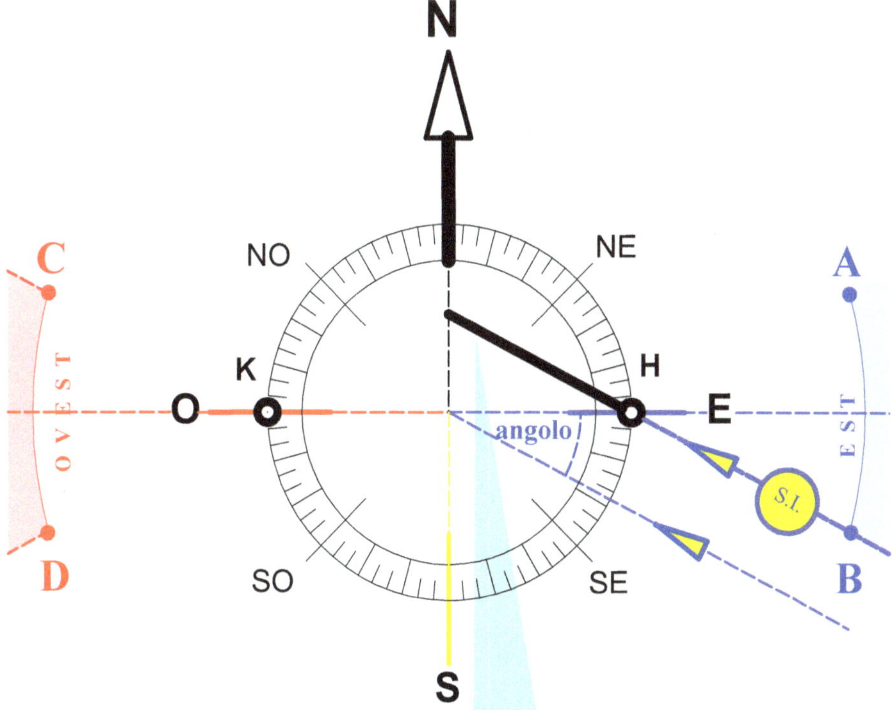

... il primo raggio di sole ... illuminando il palo ... **H** ... **"gomone"** ...
genera un'ombra che ha la stessa direzione del **primo** raggio di sole
nel giorno del ... **SOLSTIZIO d'INVERNO** ...

... al tramonto nel giorno del ... **SOLSTIZIO d'INVERNO** ...

... l'ultimo ... raggio di sole ... forma un ... **angolo** ...
compreso tra ... **OVEST** e **SO** ... (Sud - Ovest)

la direzione del raggio di sole al tramonto ...non è mai ... speculare alla direzione del raggio di sole ... al sorgere del sole nello stesso giorno...

... al tramonto ... l'**angolo** ... compreso fra ...
... **OVEST** e **NORD-OVEST** ...

è leggermente ... **maggiore** ... rispetto all'angolo che forma al sorgere
... nello ... stesso giorno ... questo è dovuto al fatto che:
... la ... Terra ... in ... **mezza giornata** ... percorre ... circa ...
... **mezzo grado** ... dei **360°** ... che compie in un anno ...
... nel suo ... movimento ... di ... rivoluzione ... intorno al Sole ...

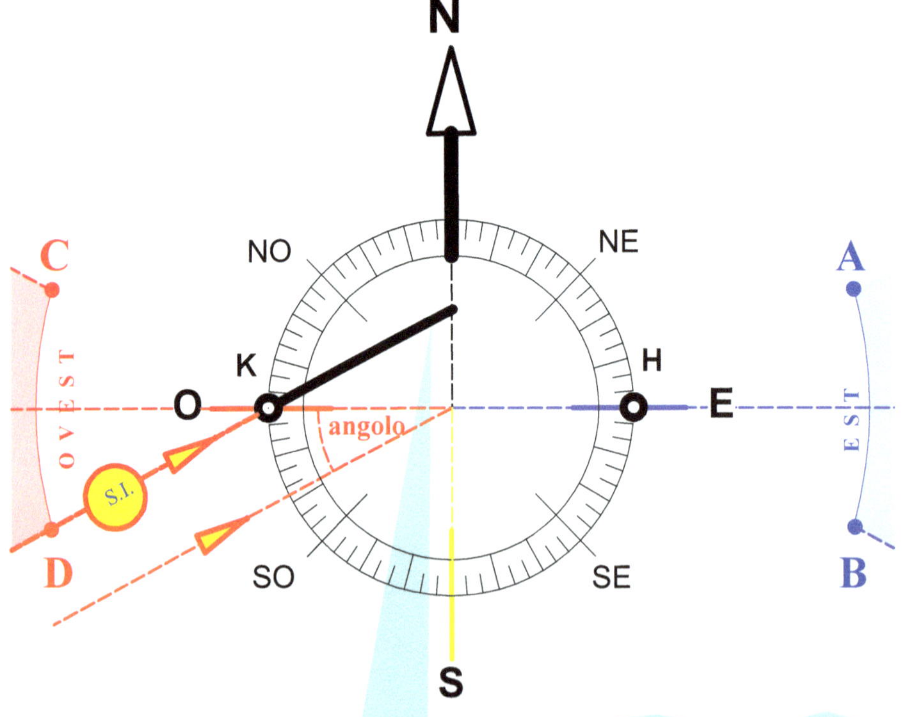

... l'ultimo raggio di sole ... illuminando il palo ... **K** ... "gomone" ...
genera un'ombra che ha la stessa direzione dell'**ultimo** raggio di sole
nel giorno del ... **SOLSTIZIO d'INVERNO** ...

... perché è importante la ... **Losanga** ...

... perché ... cambia ... da ... **parallelo a parallelo terrestre** ... ... ed è ...

... **uguale** ... per tutti i punti della terra compresi ... **nello stesso** ...

... PARALLELO ...

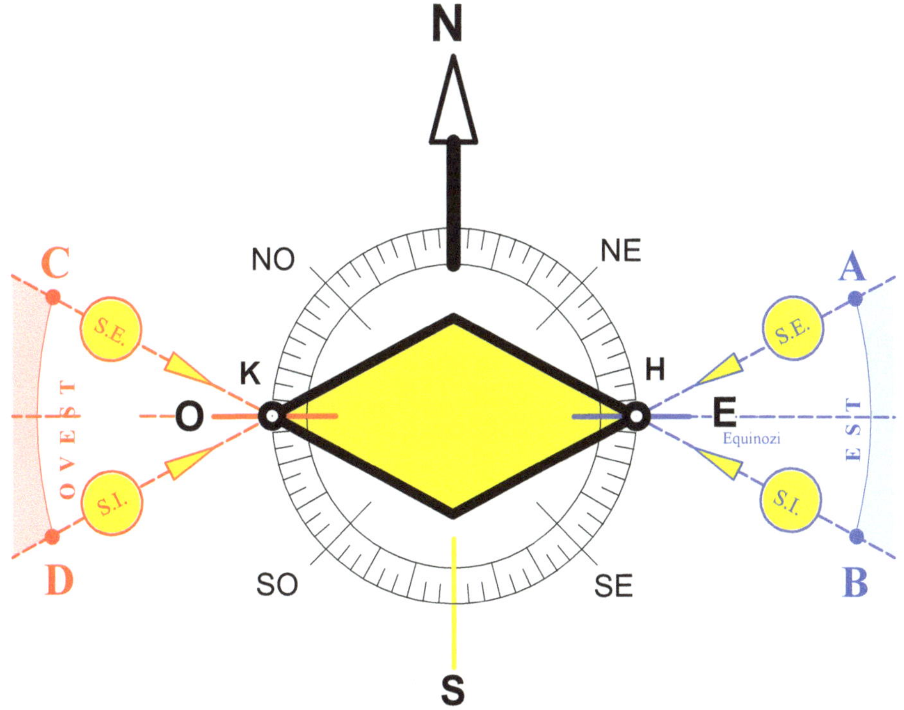

... prima di passare allo studio di alcuni esempi significativi di ...

... **LOSANGHE** ...

... facciamo ancora alcune considerazioni ...

... ogni **Losanga** può essere inscritta in un ... **parallelogramma** ...

... normalmente un ...

... **rettangolo** ...

... ma come vedremo ... potrà essere inscritta anche in un ...

... **quadrato** ...

... le forme del ... **parallelogramma** ... sono soltanto ...

... **tre** ...

... a Latitudini superiori a **55,85°**...

... la **LOSANGA** ... è inscritta in un ...

... **RETTANGOLO** ...

... che ha il lato maggiore ...

... posto in ... **verticale** ...

... più ci avviciniamo al Polo Nord ...

più ... il lato verticale si allunga ...

più ... il lato orizzontale si accorcia ...

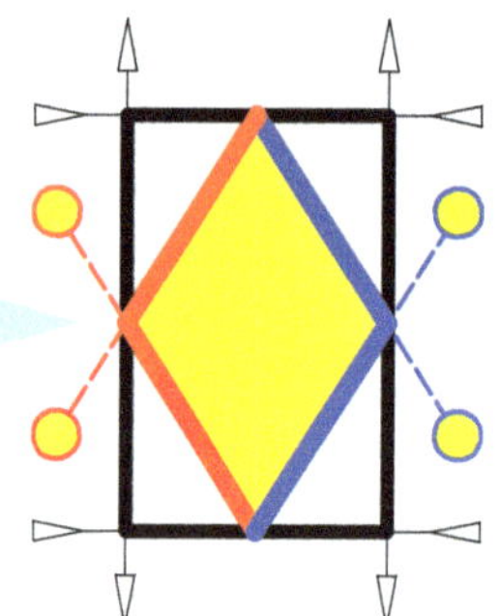

... alla Latitudine di **55,85°**...

... la **LOSANGA** ... è ... **quadrata** ...

... ed è inscritta in un ...

... **QUADRATO** ...

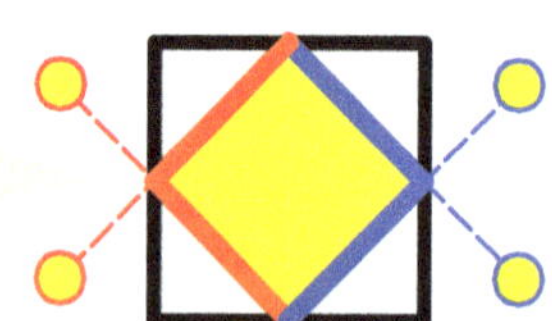

... a Latitudini inferiori a **55,85°**...

... la **LOSANGA** ... è inscritta in un ...

... **RETTANGOLO** ...

... che ha il lato maggiore ...

... posto in ... **orizzontale** ...

... più ci avviciniamo all'**Equatore** ...

più ... il lato verticale si accorcia ...

più ... il lato orizzontale si allunga ...

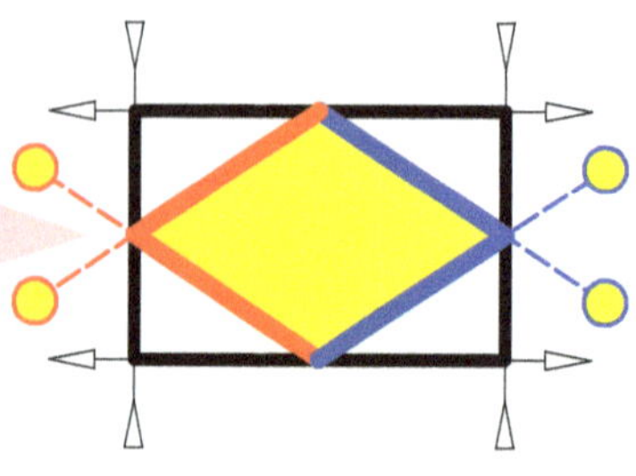

... vediamo alcuni esempi significativi di ...

... **LOSANGHE** ...

... nelle aree dove, ...

... in questa ... COLLANA ...

"GEOMETRIA INTUITIVA",

... esaminiamo ... edifici ... alla ricerca delle ...

"Relazioni tra il Raggio della Terra
e le Dimensioni dei
Monumenti Antichi"

alla Latitudine di circa 44°.... troviamo le località di seguito indicate

... a questa Latitudine la LOSANGA è inscritta in un rettangolo ...
... con il lato maggiore posto in orizzontale ...

... in questa Losanga è presente la seguente particolarità:

$$T\text{-}Q : Q\text{-}R = 3,145... = \pi$$

Terra del Sole - Firenze - Carrara - Lunigiana
(località con Latitudini simili)

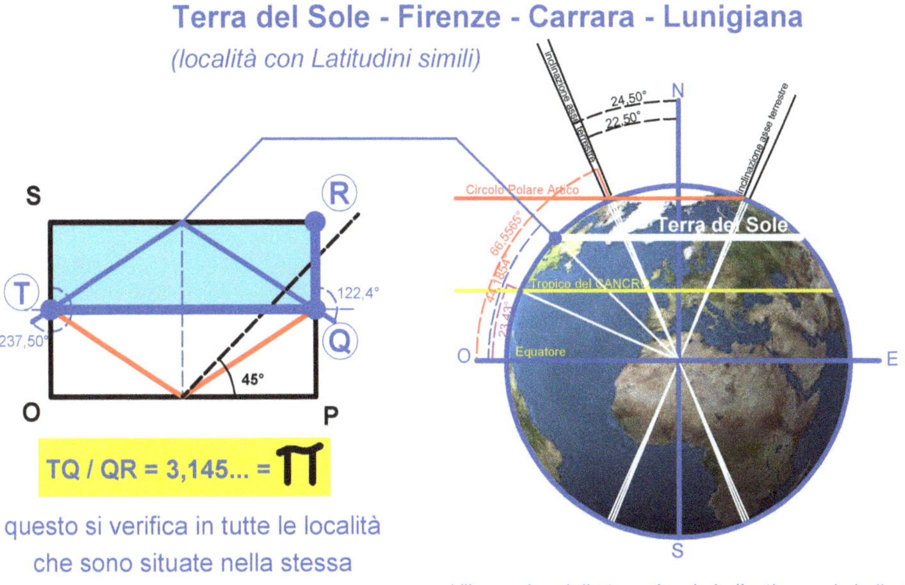

questo si verifica in tutte le località
che sono situate nella stessa
Latitudine di   circa   **44°**

(l'immagine della terra è solo indicativa ... simbolica)

... **Rosslyn** ...

... Inghilterra ... Latitudine ... **55,85°** ...

... a questa ... Latitudine ... si verifica uno dei casi ... particolari ...

... la ... LOSANGA ... è ...

... inscritta in un ... **QUADRATO** ...

... a ... Latitudini ... superiori ... oltre 55,85°...

... le Losanghe sono inscritte in rettangoli posti in ... **verticale** ...

... a ... Latitudini ... inferiori ... meno di ... 55,85°...

... le Losanghe sono inscritte in rettangoli posti in ... **orizzontale** ...

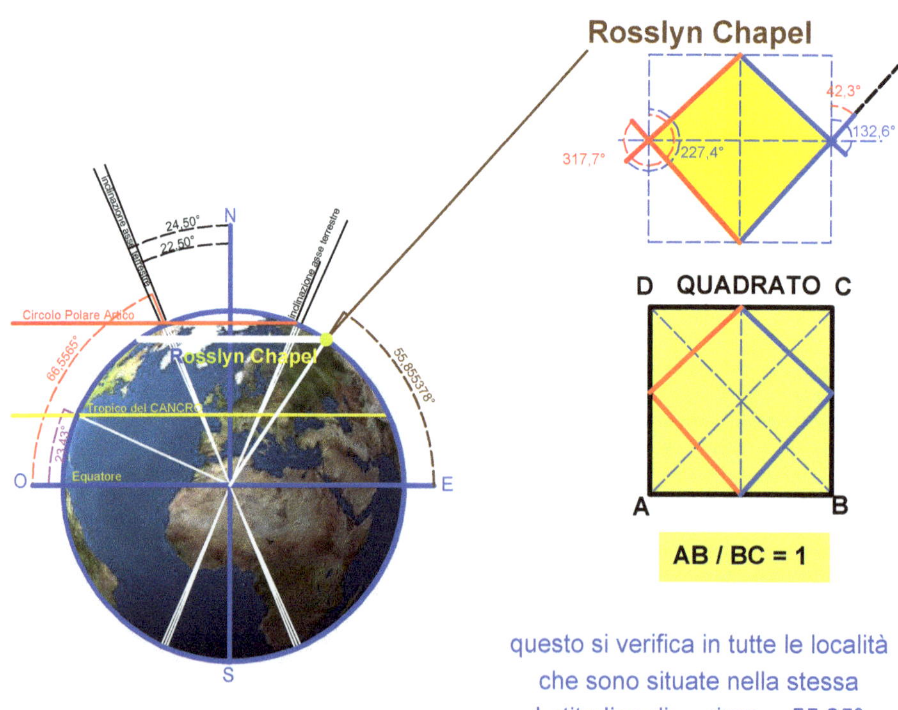

questo si verifica in tutte le località
che sono situate nella stessa
... Latitudine di ... circa ... **55,85°** ...

... **Castel del Monte** ...

... Puglia ... Latitudine ... **41,0842°** ...

... a questa ... Latitudine ... si verifica uno dei casi ... particolari ...
... la ... LOSANGA ... è ... inscritta in un ...
... **RETTANGOLO AUREO** ...

... Latitudine ... inferiore ... a ... 55,85°...
... le Losanghe sono inscritte in rettangoli posti in ... **orizzontale** ...

... a rendere importante questa Losanga concorrono due fattori:
- ... è ... **disegnata** ... dal ... **Sole** ...
- ... è ... inscitta ... in ... un ... **RETTANGOLO** ... **AUREO** ...

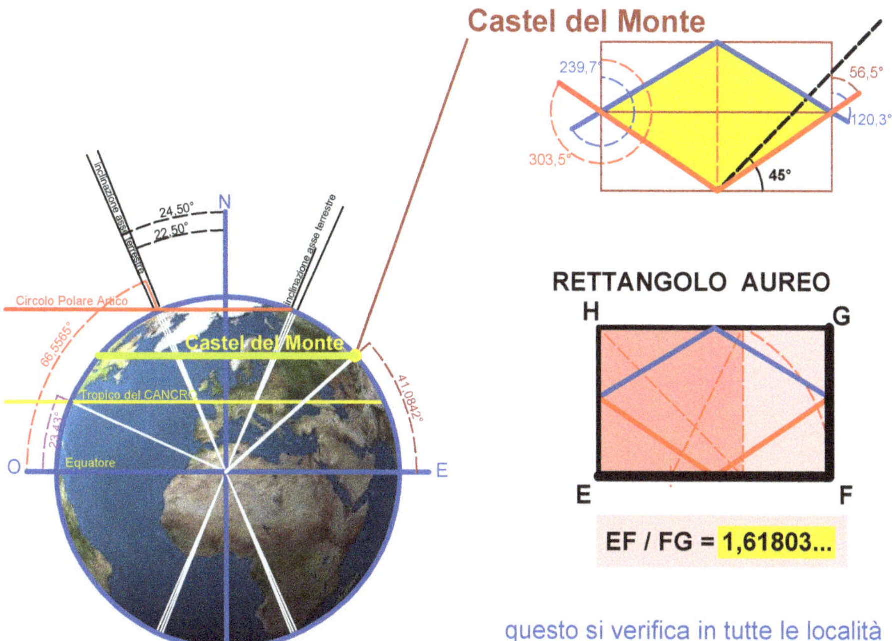

questo si verifica in tutte le località
che sono situate nella stessa
... Latitudine di ... circa ... **41,08°** ...

... **Giza** ...

... **PIRAMIDE DI CHEOPE** ...

... Egitto ... Latitudine ... **29,97795°**...

... a questa ... Latitudine ... si verifica uno dei casi ... particolari ...
... la ... LOSANGA ... è ... inscritta in un ...
... **RETTANGOLO QUADRILUNGO** ...

... il ... **QUADRILUNGO** ... è ... un ... Rettangolo ...
... composto ... da ... due ... **QUADRATI** ...

... Latitudine ... inferiore ... a ... 55,85°...
... le Losanghe sono inscritte in rettangoli posti in ... **orizzontale** ...

... a rendere importante questa Losanga concorrono due fattori:
- ... è ... **disegnata** ... dal ... **Sole** ...
- ... è ... inscitta ... in ... un ... **RETTANGOLO QUADRILUNGO** ...
... del quale scopriremo le notevoli qualità ...

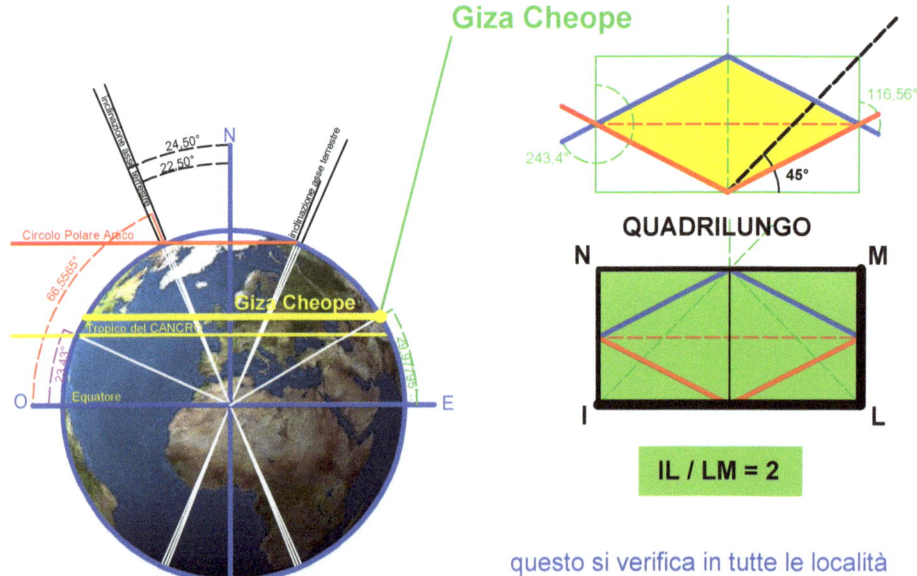

questo si verifica in tutte le località
che sono situate nella stessa
... Latitudine di ... circa ... **29,97795°** ...

... in questa immagine ...

possiamo chiaramente vedere come

... variano le ... **LOSANGHE** ... al variare della ... **Latitudine** ...

... altre ... Losanghe ... in altre ... Latitudini ... presentano ...

... altre ... particolarità ...

... obiettivo di questo libro è arrivare alla comprensione ...

... delle ... geometrie ... che ...

... insieme ...

... andiamo ...

... a ... scoprire ...

... nella ...

... PIRAMIDE DI CHEOPE ...

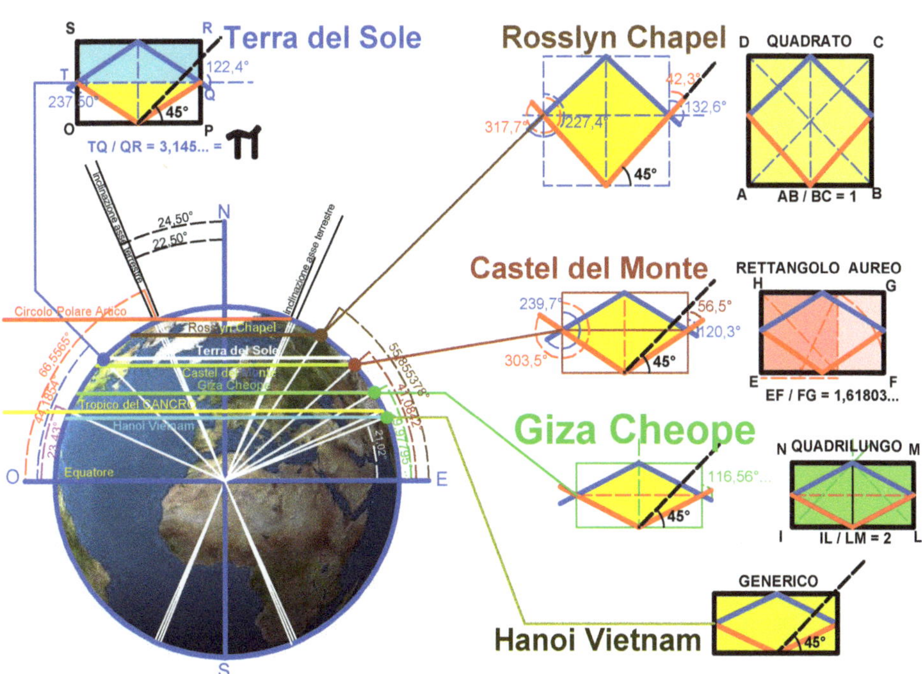

... il ... lavoro ... che ... insieme ... abbiamo svolto ...

... è ... indispensabile ... per meglio ... comprendere ...

... ciò che ... insieme ... andiamo ... a ... studiare ...

... LA PIRAMIDE DI CHEOPE ...

riporto ... ancora ... una frase presa da ... Wikipedia

una frase di

Galileo Galilei,

(il Saggiatore, Cap. VI)

"La filosofia è scritta in questo grandissimo libro che continuamente
ci sta aperto innanzi a gli occhi (io dico l'universo), ma non si può
intendere se prima non s'impara a intender la lingua, e conoscer
i caratteri, nè quali è scritto.
Egli è scritto in lingua matematica, e i caratteri sono triangoli,
cerchi, ed altre figure geometriche, senza i quali mezzi è
impossibile a intenderne umanamente parola;
senza questi è un aggirarsi vanamente per un oscuro laberinto."

... certamente le figure geometriche che abbiamo ... visto ... e ...

... studiato ... fino a questo momento ... sono una piccola parte ...

... del tutto ...

... sono ... però ... sufficienti ...e ... indispensabili ... per meglio ...

... *intendere* ...

... quanto ... andiamo ... a ... studiare ...

... altri approfondimenti ... saranno fatti nel corso del ...

... lavoro che andiamo a svolgere ...

... in particolare ... approfondiremo ...

... le ... cose ... nascoste ... nel ...

... QUADRILUNGO ...

Parte Quinta

5

LA PIRAMIDE DI CHEOPE

π … o … ∅

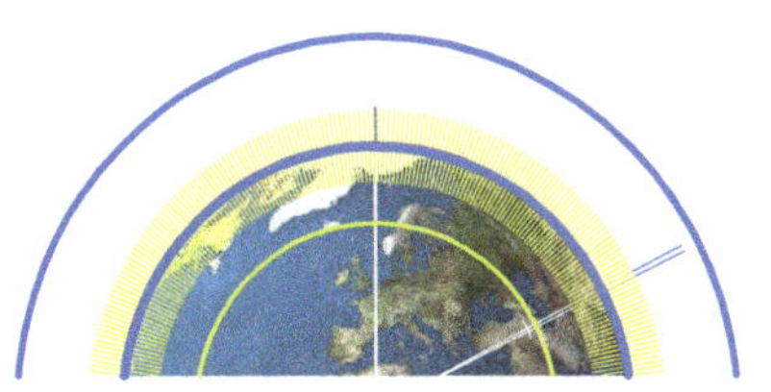

... esaminiamo la ... **PIRAMIDE DI CHEOPE** ...

... non prendiamo in considerazione alcuna immagine, ...

... ci poniamo ... soltanto ... una ... domanda ...

... come stabilivano, i nostri antenati, le dimensioni delle opere che andavano a costruire ?, ...

... ad esempio ...

... la lunghezza della ... PIRAMIDE ... come fu determinata ? ...

... con questo studio ... andiamo ad ... indagare ...

"La Piramide di Cheope: relazioni tra il Raggio della Terra e le Dimensioni dei Monumenti Antichi ... e altro..."

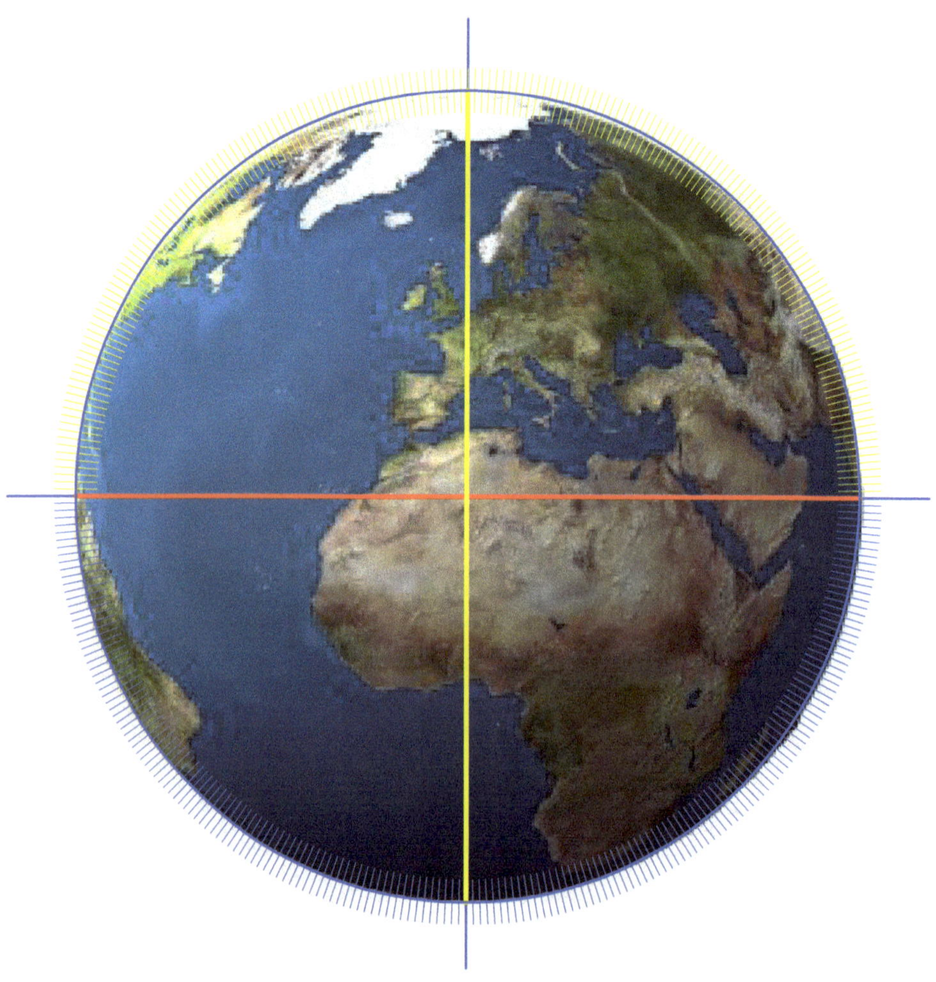

... nell'immagine della terra ... disegnamo ... la sua circonferenza ...
... il meridiano terrestre passante per i poli ... diviso in ... 360° ...

... la misura del meridiano terrestre era nota sin dall'antichità ? ...
... gli Egizi ... e ... le civiltà ... precedenti ... conoscevano questa misura ? ...

... dal centro della circonferenza ... tracciamo due rette formanti un
angolo di ... **1°** ... che intercetta sulla circonferenza un arco ... e ...
... quindi ... una ... corda ... di lunghezza pari a ... **Km. 110,856...** ...

... ogni grado è formato da ... **60' minuti** ... ogni minuto ... ha ...
... lunghezza di corda pari a ... **Km. 1,8476...** ...

... mezzo ... minuto ... di grado ... ha lungezza di corda ... pari ... a ...
... Km. 0,92380...   =   **... ml. 923,80...**

... mentre la ... storia ... ci dice ... che:

da Wikipedia "Lo scienzato che per primo misurò la lunghezza del meridiano terrestre fu Eratostene di Cirene

(275 a.C. circa - 195 a.C. circa)

... ultime ricerche sembrano smentire questa affermazione ...

... sono molte le coincidenze ... tra ...

... Dimensioni di Monumenti Antichi ...

... precedenti all'era ... di Eratostene ...

... e ...

... la misura del Raggio della Terra ...

... un esempio potrebbe essere ...

... LA PIRAMIDE DI CHEOPE ...

... la coincidenza tra la somma dei lati di base della piramide ...

... 923,80 ml. ...

... e la misura della corda di ... mezzo grado ... sul meridiano terrestre ...

... 923,80 ml. ...

... certamente fa nascere alcuni dubbi ...

... lo studio delle ... **possibili** ... **geometrie** ... usate per la

... progettazione della Piramide ...

... contribuisce a rafforzare ...

... questi ... dubbi ...

... andiamo a scoprire queste ...

...possibili ...

... geometrie ...

... molti sostengono che il complesso ... Monumentale di Giza ...
... faccia parte di un **unico progetto** ... pensato ... e ... progettato ...
... **prima** ... della ... civiltà ... dei ... **Faraoni** ...

... evidentemente questo contrasta con quanto è stato e viene sostenuto
dalla ... storia ... più o meno recente ...

... eppure ... approfondendo le ricerche ... spingendo sempre più a
fondo ... andando a ... averificare ... geometrie ... misure ... significati ...
... uso e finalità ... delle tre grandi piramidi ...... si rafforza ...
... sempre più ... la convinzione ... che ... **altra civiltà** ... **precedente** ...
... possa aver ... **pensato** ... **progettato** ... **realizzato** ...
... il ... complesso ... Monumentale ... di ... Giza ...

... mi limito a queste semplici riflessioni fatte ... e lascio ad altri ...
... più competenti di me in materia ... l'approfondimento di ...
... tali ... argomentazioni ...

... noi approfondiamo ... e verifichiamo ... se ... e ... quanto ...
... siano ... verosimili ... le affermazioni ... fatte ...

... se ... supponiamo che ... quanto ... detto ... sia vero ...
... ne consegue che possiamo affermare quanto segue ...

... il progettista ... o ... i ... progettisti ... potrebbero ...
... aver iniziato ... l'opera ...
... tracciando un ... segmento ... di ... lunghezza ...
... 923,80 ml. ...

|———————— 923.80 ————————|

... uguale alla ... somma dei lati di base della ...
PIRAMIDE di CHEOPE
... e uguale alla corda di mezzo minuto di grado ...
del MERIDIANO TERRESTRE

... prima di procedere con il nostro lavoro ... è importante ... ricordare ... come gli Egizi effettuavano le misurazioni ... ... in **orizzontate** ... ed ... in ... **verticale** ...

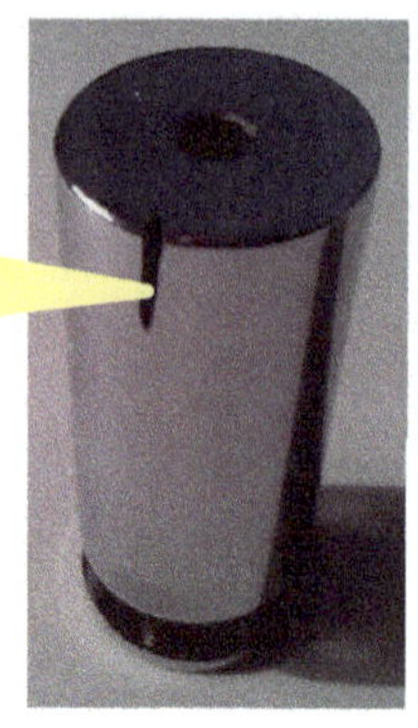

... **per effettuare le misurazioni in ... orizzontale** ... usavano far rotolare ...un cilindro munito di un ... **segno** ...che permetteva di ... **contare** ... il ... ... **numero**... di ... **giri** ... effettuati ... ... moltiplicavano il numero dei ... **giri** ... ... effettuati ... **per** ... la misura della ... **circonferenza** ... del ... cilindro ... e ottenevano la misura della ... **lunghezza** ...

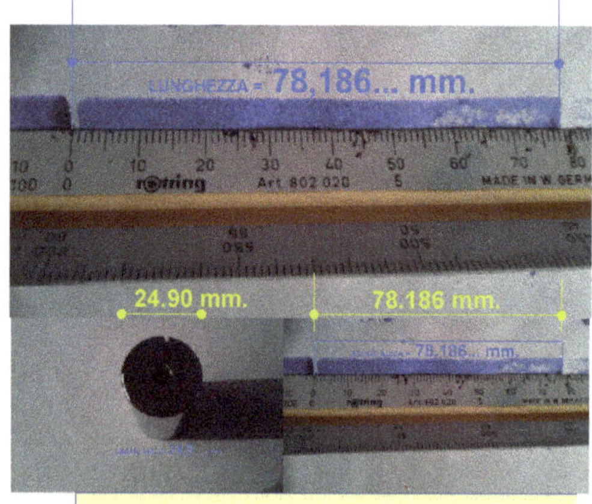

... questo sistema di misurazione ci consente ... di ... affermare ... che ... gli Egizi ... conoscessero ... **3,14..** ...

Π

... stabilita ... la ... **lunghezza** ... ml. 923.80 ...
... potevano ... determinare ... con ... facilità ...

... la ... **CIRCONFERENZA** ... ml. 923.80 ...

il ... **DIAMETRO** ... ml. 294.20 ...

il ... **RAGGIO** ... ml. 147.10 ...

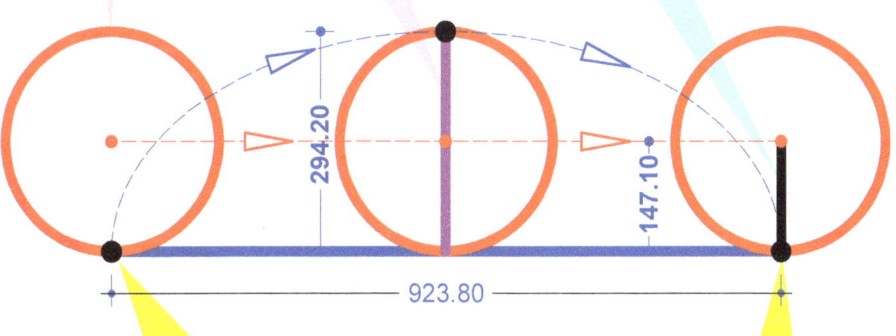

... facendo ... rotolare il ... cerchio ... per un ... giro ... completo ...

... le ... dimensioni ... così ... calcolate ...
... consentivano ... di ...
... realizzare ... un'opera ...
... con ... misure ...
... significative ...
... dell'appartenenza ...
... alla ...

... procediamo con il nostro lavoro ... e ... cerchiamo di seguire ...
sentieri che avrebbero potuto percorrere anche i nostri antenati Egizi...

... da quanto abbiamo detto nelle precedenti pagine ... gli ...architetti ...
... Egizi ... **potrebbero** ... aver iniziato con questo ... disegno ...
e ... con ... queste ... misure ...

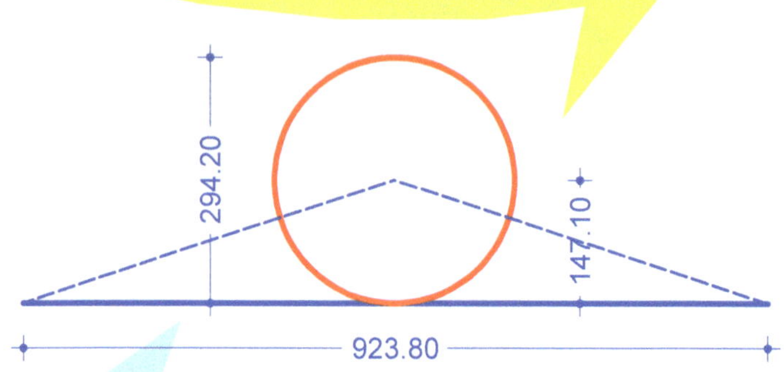

... la figura *(che abbiamo già incontrato a pag. 24)* presenta ...
... caratteristiche ... molto ... significative ...

$$923{,}80 : 294{,}20 = 3{,}14... = \pi$$

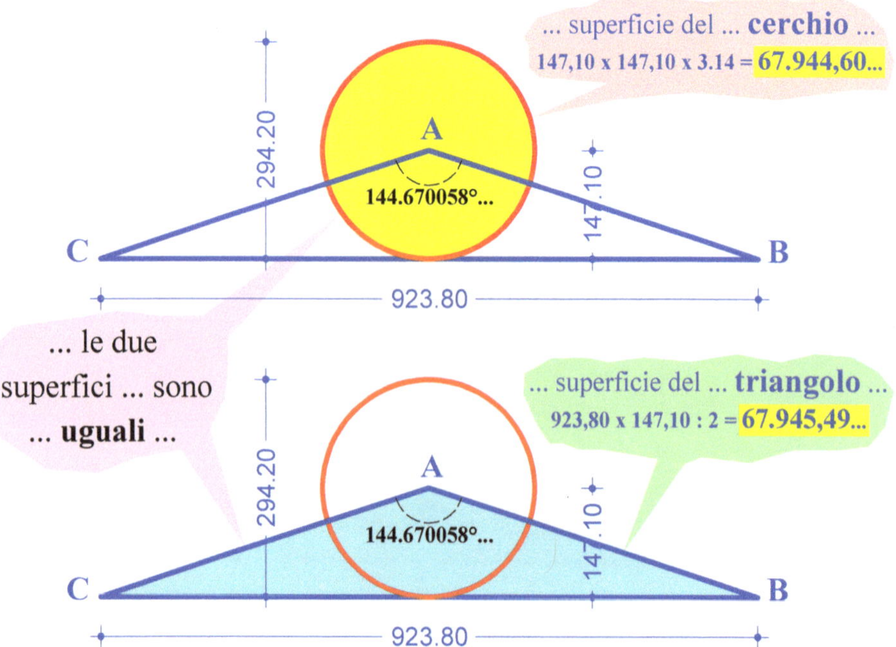

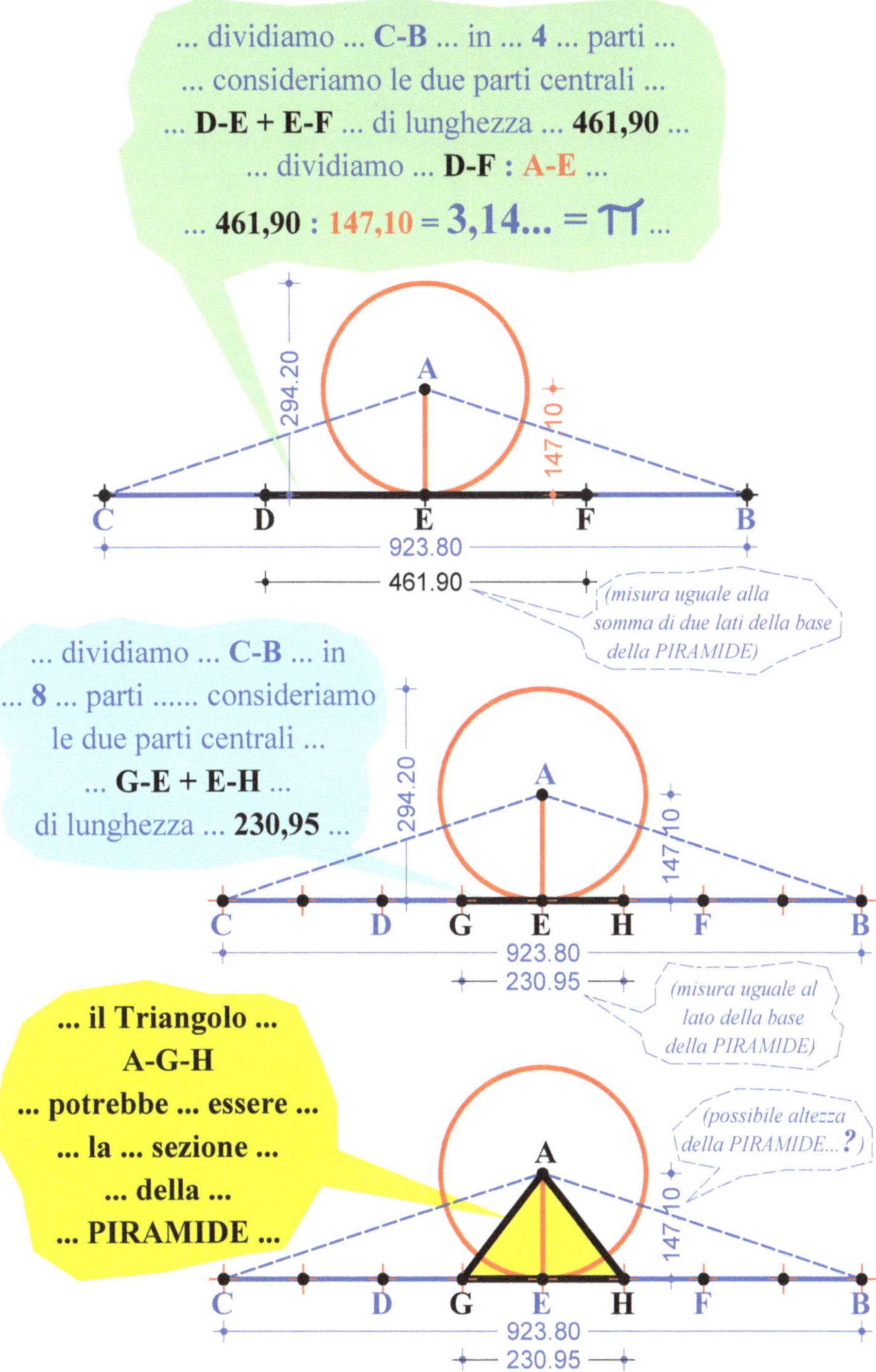
... dividiamo ... C-B ... in ... 4 ... parti ...
... consideriamo le due parti centrali ...
... D-E + E-F ... di lunghezza ... 461,90 ...
... dividiamo ... D-F : A-E ...
... 461,90 : 147,10 = 3,14... = ∏ ...
294.20
A
147,10
C
D
E
F
B
923.80
461.90
(misura uguale alla somma di due lati della base della PIRAMIDE)
... dividiamo ... C-B ... in ... 8 ... parti ...... consideriamo le due parti centrali ...
... G-E + E-H ... di lunghezza ... 230,95 ...
294.20
A
147,10
C
D
G
E
H
F
B
923.80
230.95
(misura uguale al lato della base della PIRAMIDE)
... il Triangolo ... A-G-H ... potrebbe ... essere ... la ... sezione ... della ... PIRAMIDE ...
(possibile altezza della PIRAMIDE...?)
A
147,10
C
D
G
E
H
F
B
923.80
230.95

... le misure cosi definite ... non ... sono ... tanto ... distanti ... dalle ...
... misure che ... oggi vengono accreditate alla ... PIRAMIDE ...

... considerazioni ... riguardanti ... l'attendibilità ... delle ... **misure** ...
che sono ... **emerse** ... e che ... **emergeranno** ... in questo ... lavoro
... le rimandiamo ... al ... momento ... delle ... conclusioni ... finali ...

... limitiamoci ... a prendere atto dell'evoluzione ...che la ...
... **geometria ... e ... l'intuizione** ... impongono ...
... e ... diamo spazio alle nostre ... **intuizioni**...
... potrebbero ... farci ... avvicinare ... sempre ... più ... alla ...
... **verità** ... ... chiaramente ... **senza averne** ... **mai** ...
... **certezza** ...

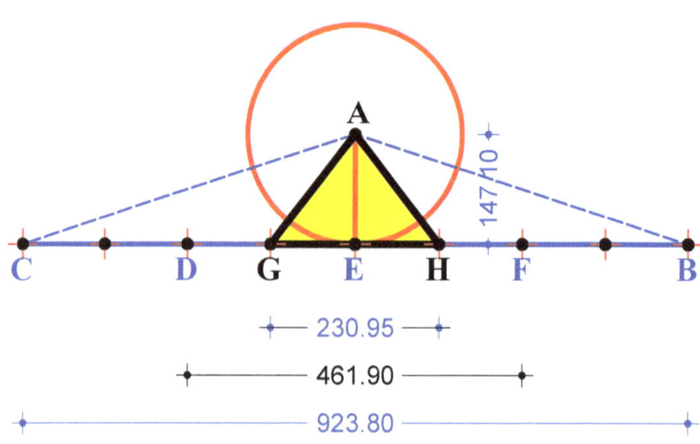

... se ... queste misure ... risultassero ... attendibili ...
... allora ... si potrebbe affermare che:
la **... PIRAMIDE di CHEOPE ...**
è stata progettata
nel rispetto
... del numero ...

... 3,14... = Π

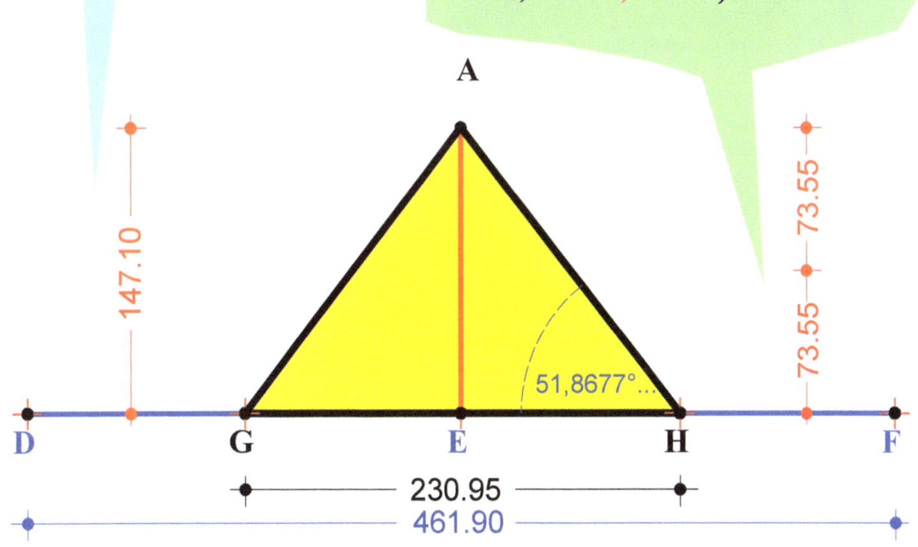

... molti sono i testi che possono essere consultati e che trattano
della Piramide di Cheope ...
... in tutti questi testi ... troverete ... teorie diverse ...e tra loro ...
... contrastanti ...
... sull'uso della Piramide ...... sulle sue dimensioni ...
... sulla ... derivazione ... delle stesse dimensioni ...
... sulla datazione ...ma ... soprattutto ...
... su ... chi ... le ... ha ... costruite ...

... c'è chi sostiene ... e molti testi lo affermano ... che la
Piramide di Cheope sia il risultato ... dell'applicazione ... della ...
... **Sezione Aurea** ... e ... cioè ...

A-G : G-E = 1,618033...

A-G = apotema = altezza di una faccia della Piramide
G-E = metà lato di base

... manteniamo le dimensioni del ... perimetro ...
di base ... così ... come le abbiamo stabilite ...
precedentemente....

... se la Piramide fosse stata progettata ...
applicando il ... **Rapporto Aureo** ...

A-G : G-E = 1,618033...

A-G = altezza di una faccia della Piramide
G-E = metà lato di base

... l'**altezza della Piramide** ... e ... l'**angolo alla base** ...
... sarebbero ... diversi ... da quelli ... trovati con ... π
... vediamo ... come ...

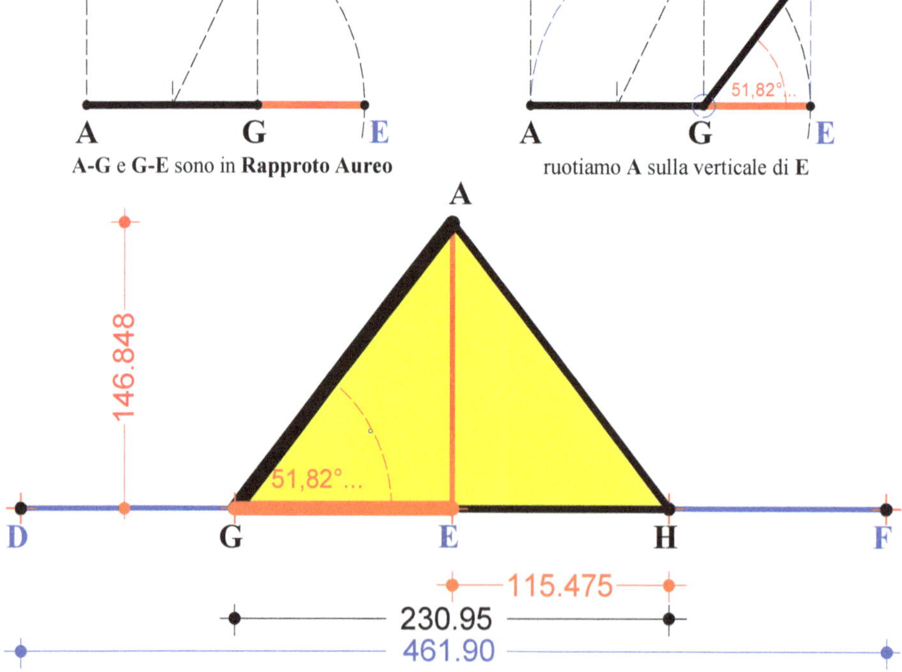

... se queste misure risultassero attendibili ... si potrebbe affermare ...
che la ... **PIRAMIDE DI CHEOPE** ... è stata progettata nel rispetto di

... 1,6180339887... = Ø

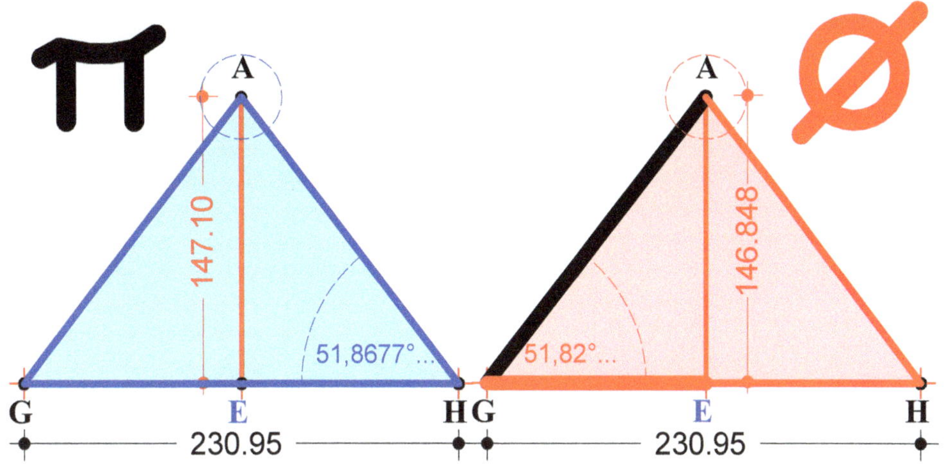

... le due diverse soluzioni ... comportano ... **differenze** ...

... **l'altezza** ... e ... **l'angolo** alla base ...

... in altezza ...   **147,10 - 146,848 = 0,252 ml. = 25,2 cm.**

... per visualizzare la ... **differenza** ... **in altezza** ... ingrandiamo ...

... l'immagine ... dei due vertici ... e ... vediamo ... che:

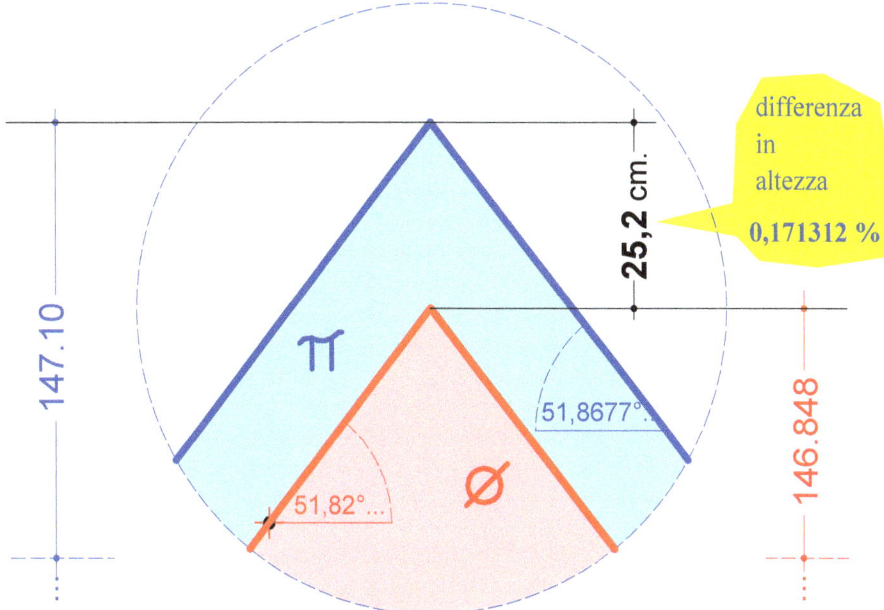

... c'è ... chi sostiene che questa differenza sia stata mediata ...

... per soddisfare entrambe le soluzioni ...

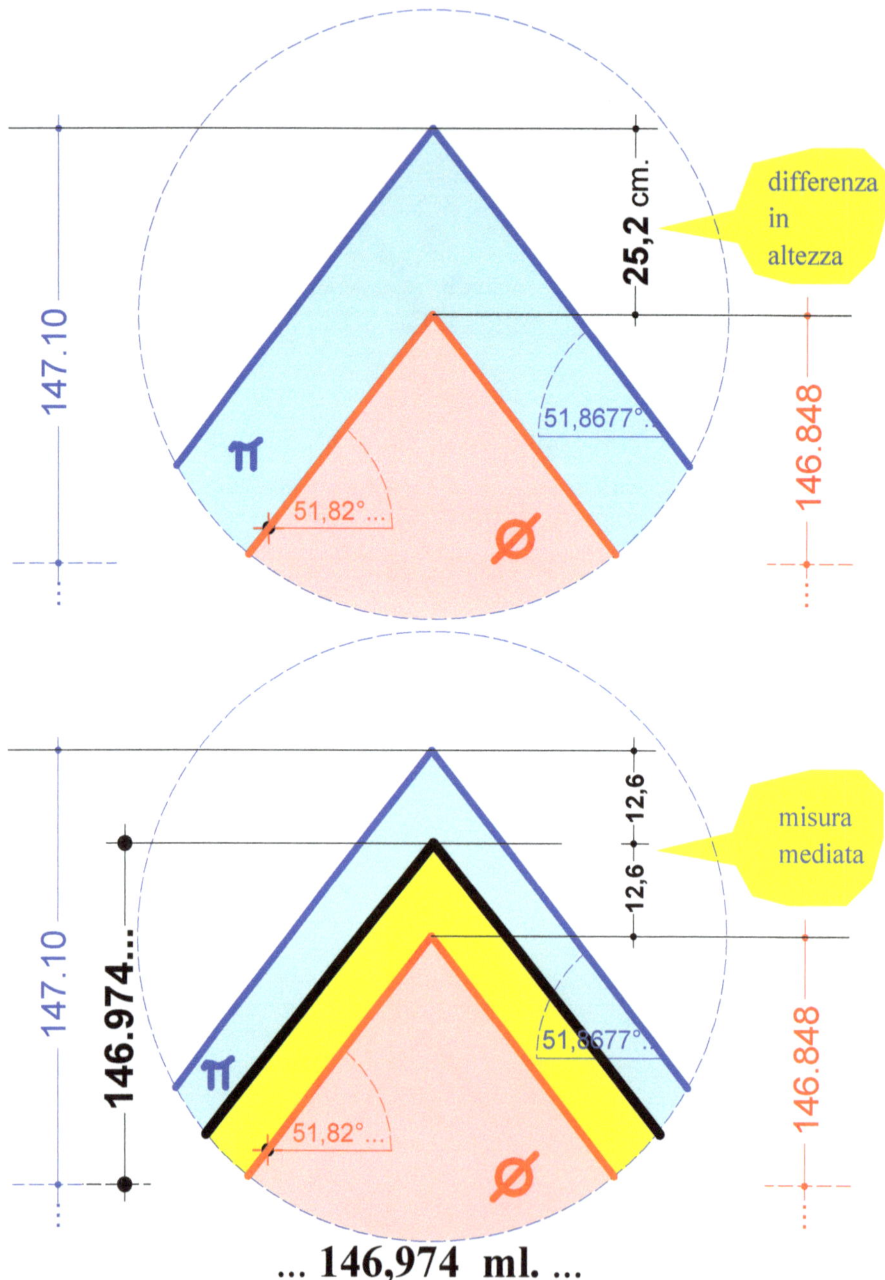

... 146,974 ml. ...

... potrebbe essere l'altezza della ... **PIRAMIDE di CHEOPE ?** ...

... le due soluzioni che abbiamo verificato ... danno risultati molto ...

... simili ... con una differenza di pochi **centimetri** ... **25,2** ... su circa ...

... 146,974 ml. ...

... riprendiamo il nostro lavoro sulla ... PIRAMIDE di CHEOPE ...

... una o l'altra soluzione ... o con ... π ... o con ... Ø

... non modifica il percorso ... geometrico ... che andiamo a svolgere ...

... continuiamo dal disegno di pag. 51 ... e ... indichiamo con ...

... **A-B-C** ... i vertici del Triangolo e

con ... **D** ... il punto medio della base

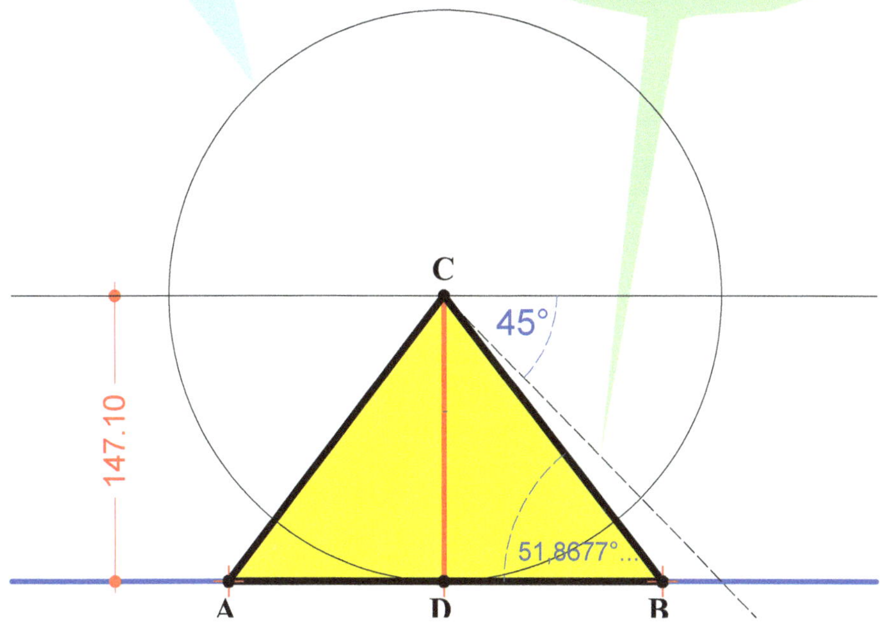

... la retta ... **s** ... interseca la circonferenza nel punto ... **F** ...

... disegnamo il ... quadrato ... **C-E-F-G**... con diagonale ... **C-F** ...

... di questo nuovo quadrato ... con lato ... 104,0154...
... calcoliamo la superficie ...
... 104,0154.. x 104,0154... = **10.819,203...**

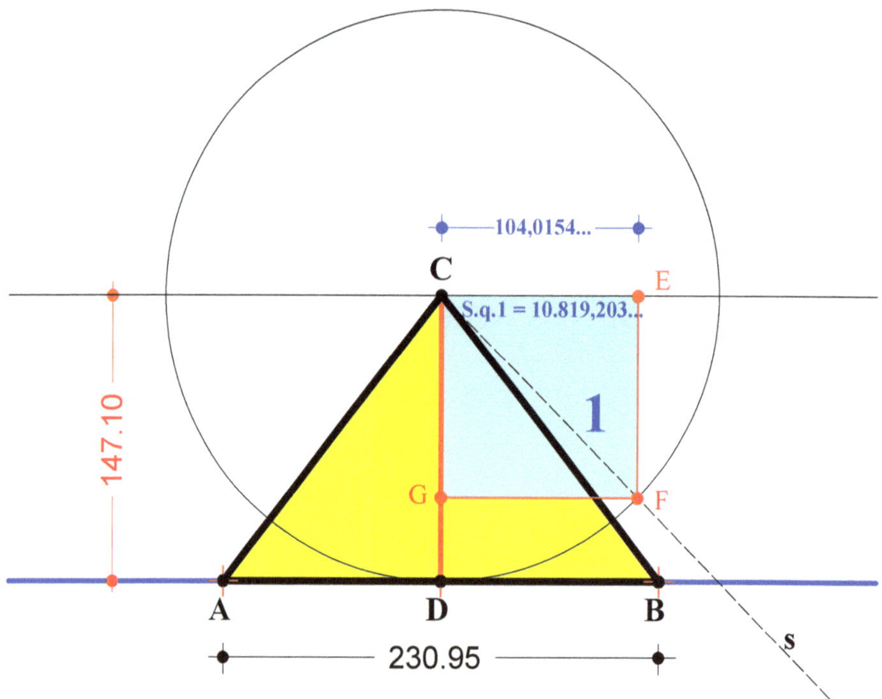

... nello svolgimento di questo studio ... geometrico ...
... vedremo quanto importante sia la ... **diagonale del quadrato** ...

... sono sicuro che ... dopo questo lavoro ... ognuno di voi ...
... vedrà la diagonale del quadrato ... da una nuova visuale ...
... è come se si fosse aperta una nuova porta ...
... che ci introduce in un mondo che prima non avevamo mai visto ...

... per meglio comprendere quello che andremo a svolgere ...

... è bene sapere quanto segue:

... consideriamo la diagonale ... **C-F** ... del quadrato ... **C-E-F-G** ...

... e assumiamo ... **C-F** ... come lato del ... **quadrato** ... **2** ... **C-F-H-I** ...

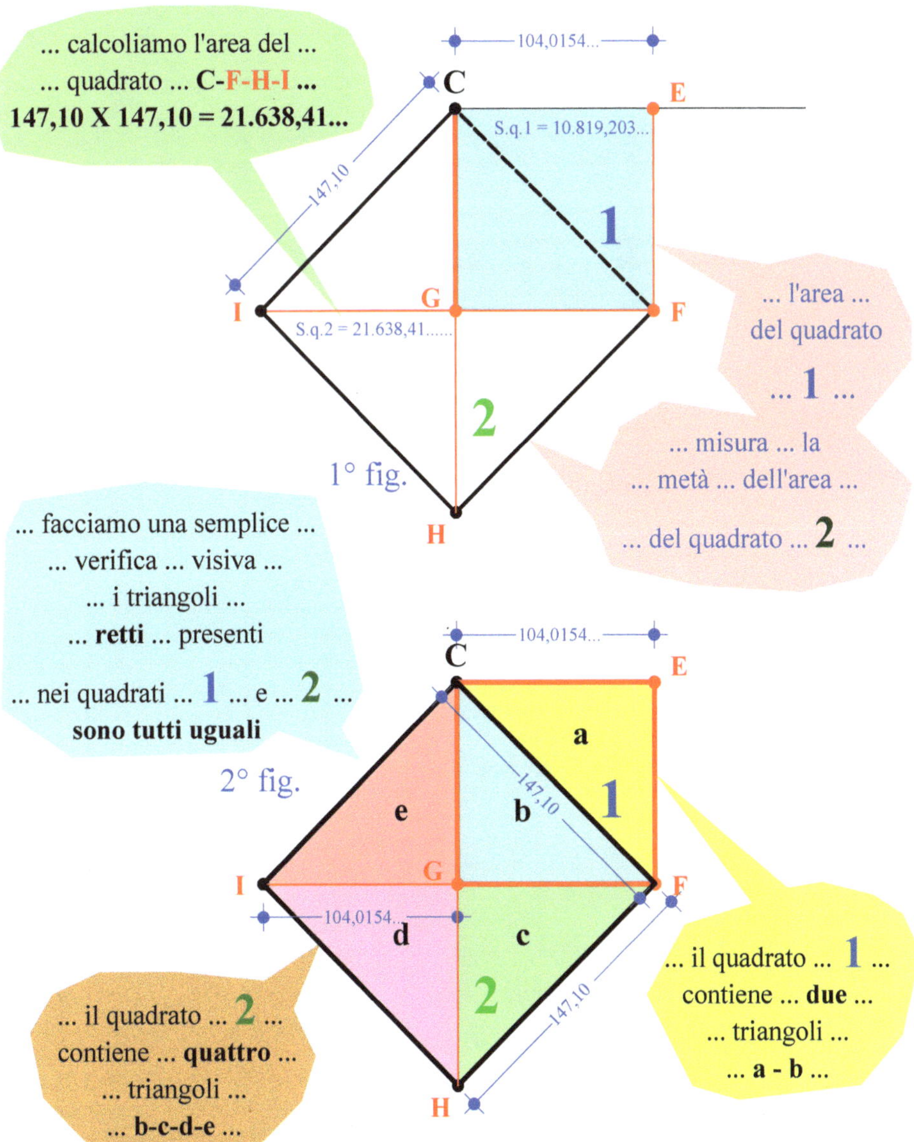

... il quadrato ...

... **C-F-H-I** ...

che abbiamo costruito

nella ... 1° fig. ...

possiamo costruirlo

seguendo un

percorso diverso ...

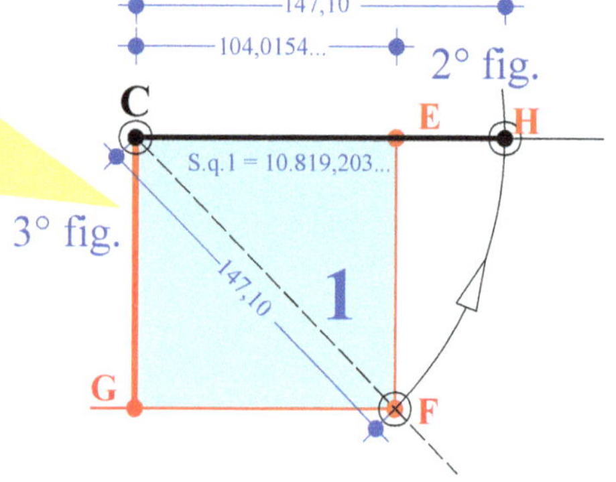

... puntiamo il compasso ...

nel punto ... **C** ...

... con apertura nel punto ...

... **F** ...

tracciamo l'arco nel verso

della freccia ... fino ad

intersecare il prolungamento

del segmento ... **C-E** ...

individuiamo ... il punto ...

... **H** ...

... ripetiamo la costruzione nel

verso della freccia ... 4° fig. ...

... e ... individuiamo ... il punto ...

... **L** ...

possiamo disegnare il

... quadrato ... **C-H-I-L-**...

uguale al quadrato

... **C-F-H-I** ...

... della ... 1° fig. ...

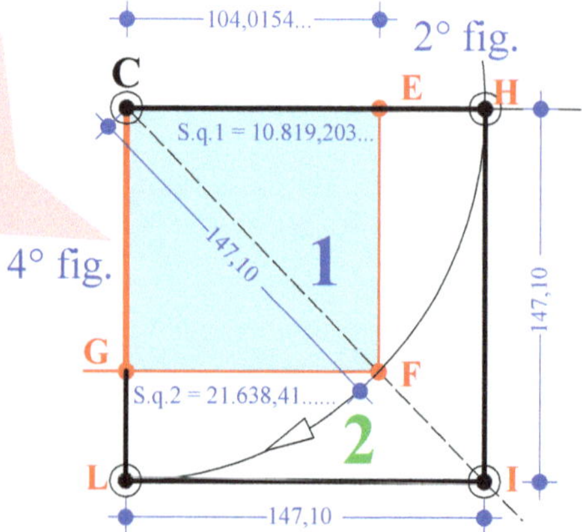

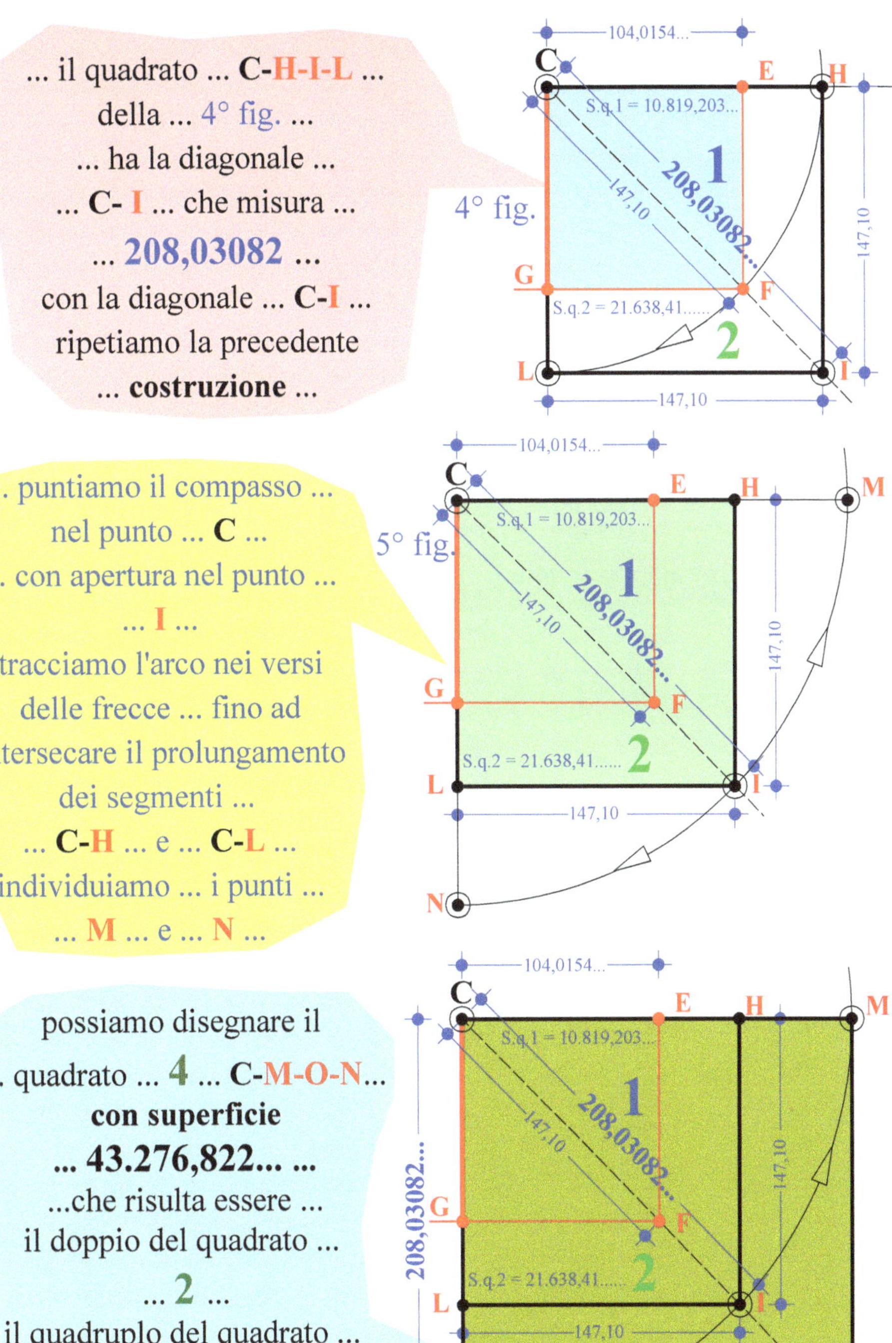

... il quadrato ... C-H-I-L ...
della ... 4° fig. ...
... ha la diagonale ...
... C- I ... che misura ...
... 208,03082 ...
con la diagonale ... C-I ...
ripetiamo la precedente
... costruzione ...

... puntiamo il compasso ...
nel punto ... C ...
... con apertura nel punto ...
... I ...
tracciamo l'arco nei versi
delle frecce ... fino ad
intersecare il prolungamento
dei segmenti ...
... C-H ... e ... C-L ...
individuiamo ... i punti ...
... M ... e ... N ...

possiamo disegnare il
... quadrato ... 4 ... C-M-O-N...
con superficie
... 43.276,822... ...
...che risulta essere ...
il doppio del quadrato ...
... 2 ...
il quadruplo del quadrato ...
... 1...

4° fig.
5° fig.
6° fig.
104,0154...
147,10
208,03082...
S.q.1 = 10.819,203...
S.q.2 = 21.638,41......
S.q.3 = 43.276,822......
C E H L G F I M N O
1 2 3

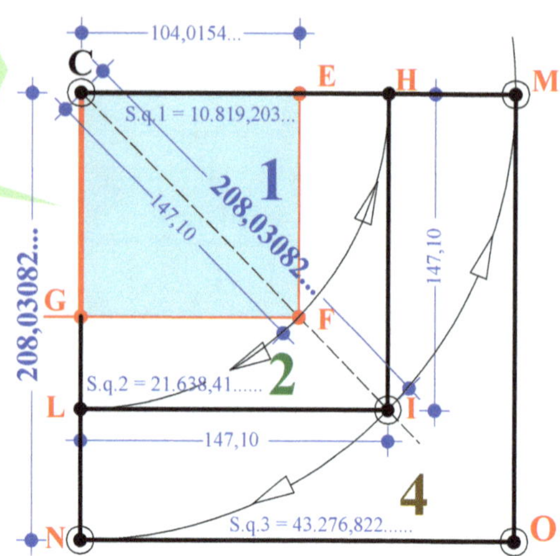

... facciamo alcune riflessioni esaminando la costruzione realizzata a pag. 59

ed il disegno di pag. 56...

... abbiamo visto che ...
il quadrato **4** è il doppio
del quadrato **2** ... il quale
è il doppio del quadrato **1**

... esaminando le due figure ... vediamo ... inoltre che ...

... la diagonale del quadrato ... **1** ... è ... **uguale** ...

... **all'altezza** ... della ... **PIRAMIDE** ...

... il lato del quadrato ... **1** ... misura ... la ... **metà** ...

del lato del quadrato ... **4** ...

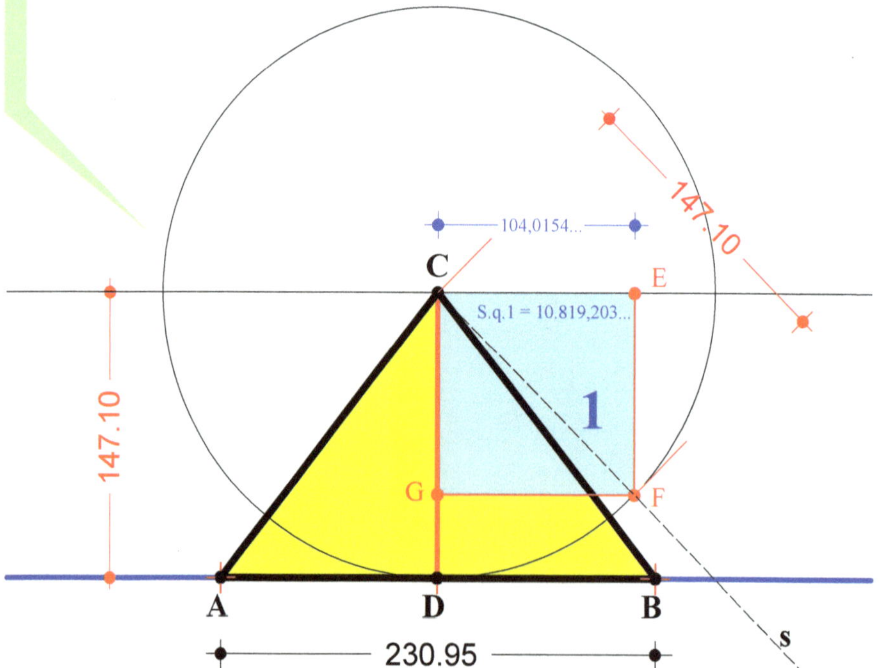

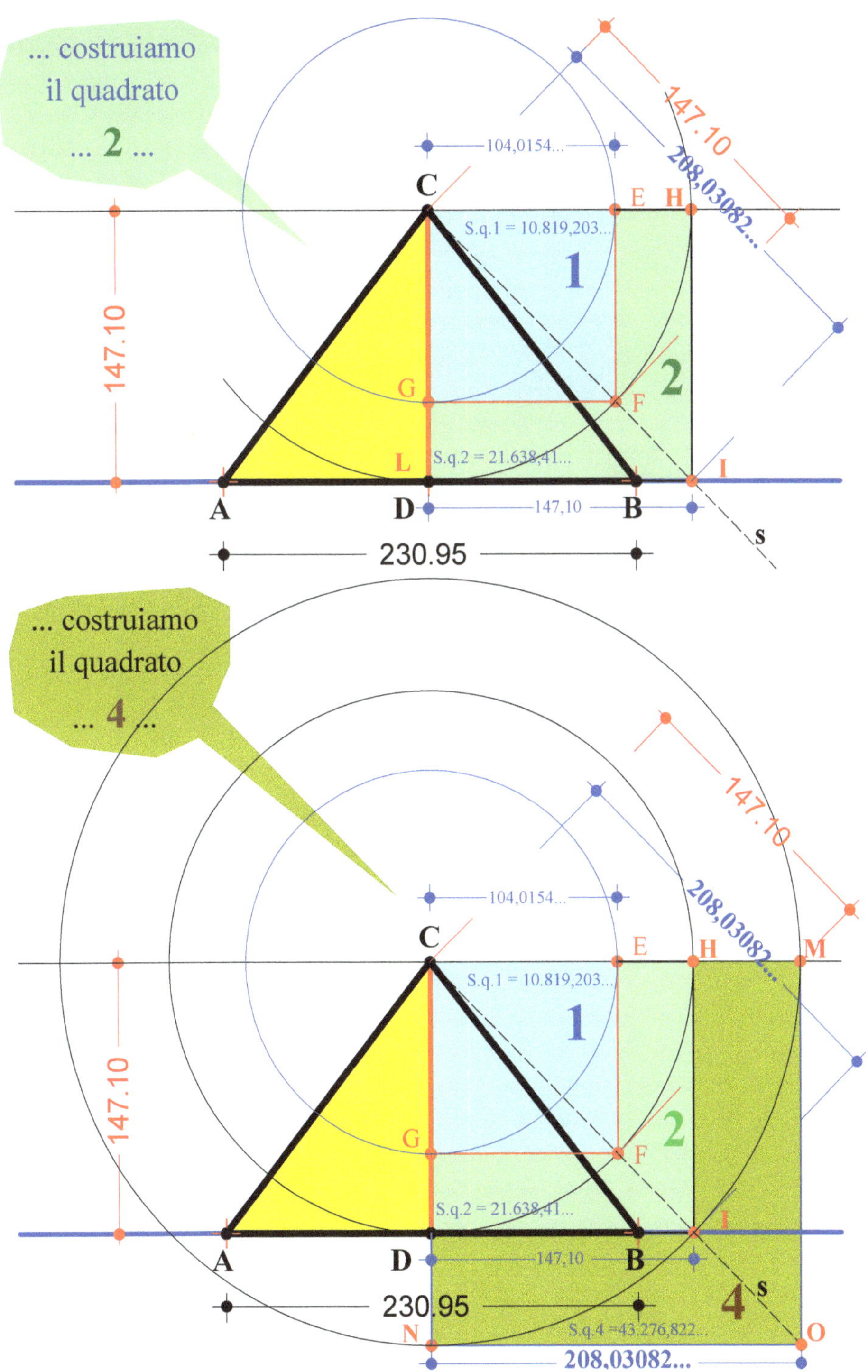
... costruiamo il quadrato ... 2 ...
104,0154...
147.10
208,03082...
C
E H
S.q.1 = 10.819,203...
1
G F
2
L
S.q.2 = 21.638,41...
I
147.10
A
D
147,10
B
s
230.95
... costruiamo il quadrato ... 4 ...
147.10
208,03082...
104,0154...
C
E H M
S.q.1 = 10.819,203...
1
G F
2
S.q.2 = 21.638,41...
I
147.10
A
D
147,10
B
230.95
s
4
N
S.q.4 = 43.276,822...
O
208,03082...

... possiamo scrivere ...

Superficie quadrato **1**

... S.q.**1** = **10.819,203...**

Superficie quadrato **2**

... S.q.1 x **2** = ... S.q.2 = **21.638,41...**

Superficie quadrato **4**

... S.q.1 x **4** = ... S.q.2 x **2** = ... S.q.4 = **43.276,822...**

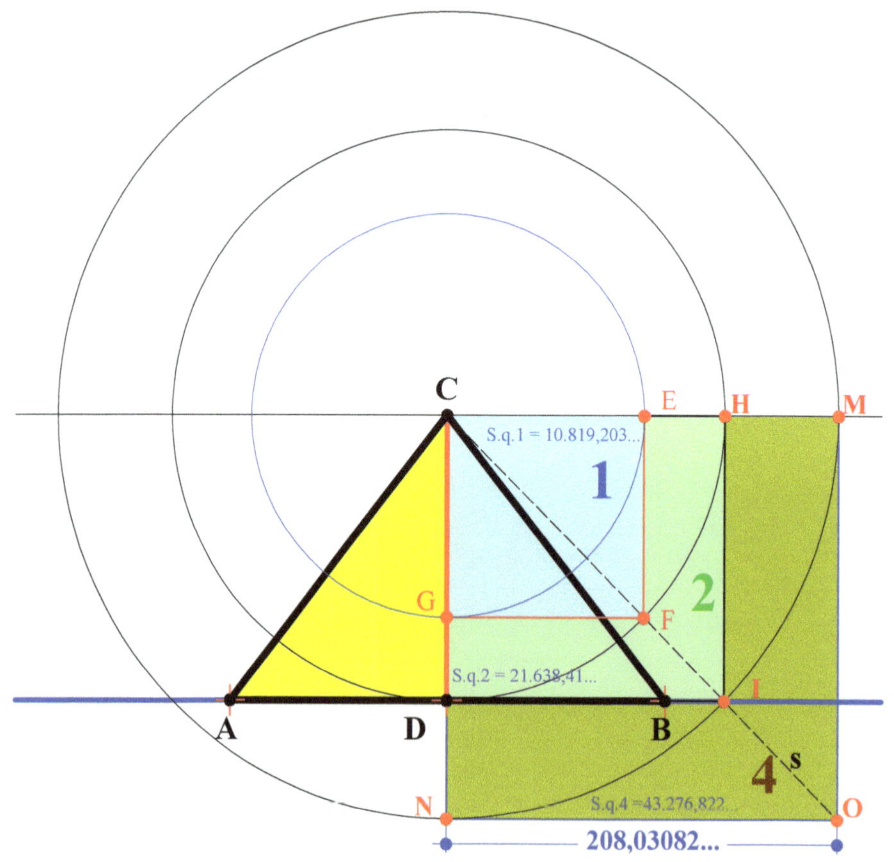

Superficie della base della Piramide

230,95 x 230,95 = 53.337,90...

Superficie di una faccia della Piramide *(base x apotema)*

230,95 x 187,0103... : 2 = 21.595,014...

Superficie laterale della Piramide

21.595,014... x 4 = 86.380,056...

86.380,056... : 53.337,90... = 1,619487...
(numero aureo in eccesso)

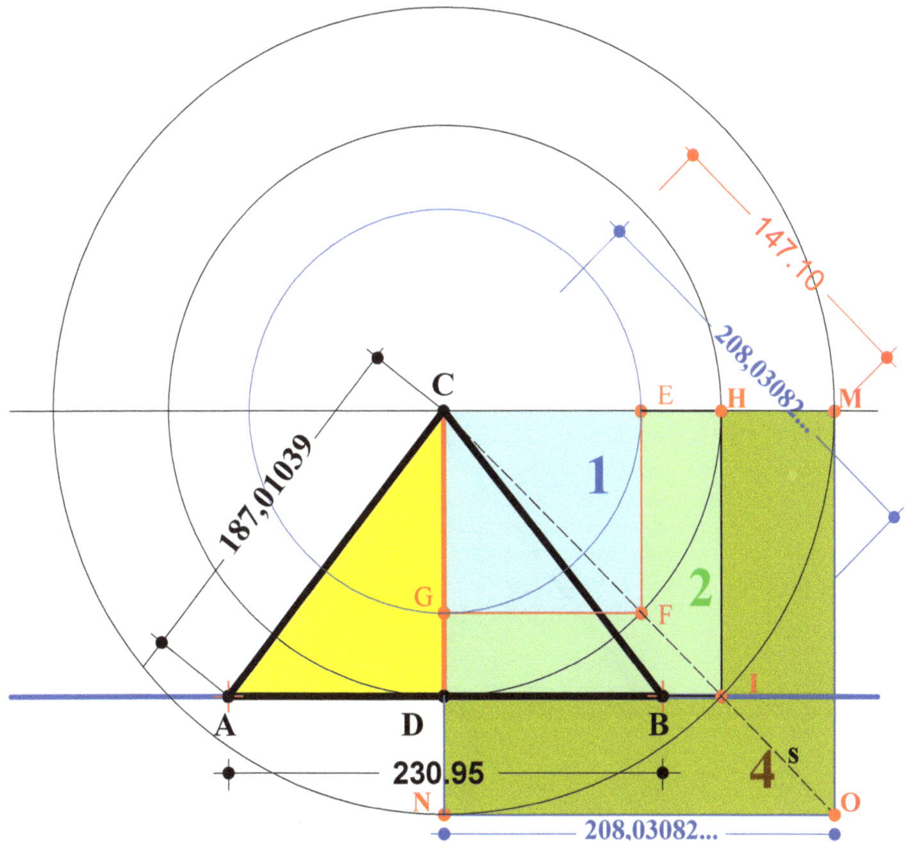

*diagonale del quadrato **1** : lato del quadrato **1***

C-F : C-E

$$147{,}10\ldots : 104{,}0154\ldots = 1{,}141\ldots$$

*diagonale del quadrato **2** : lato del quadrato **2***

C-I : C-H

$$60{,}930\ldots : 43{,}084\ldots = 1{,}141\ldots$$

$$1{,}141213\ldots = \sqrt{2}$$

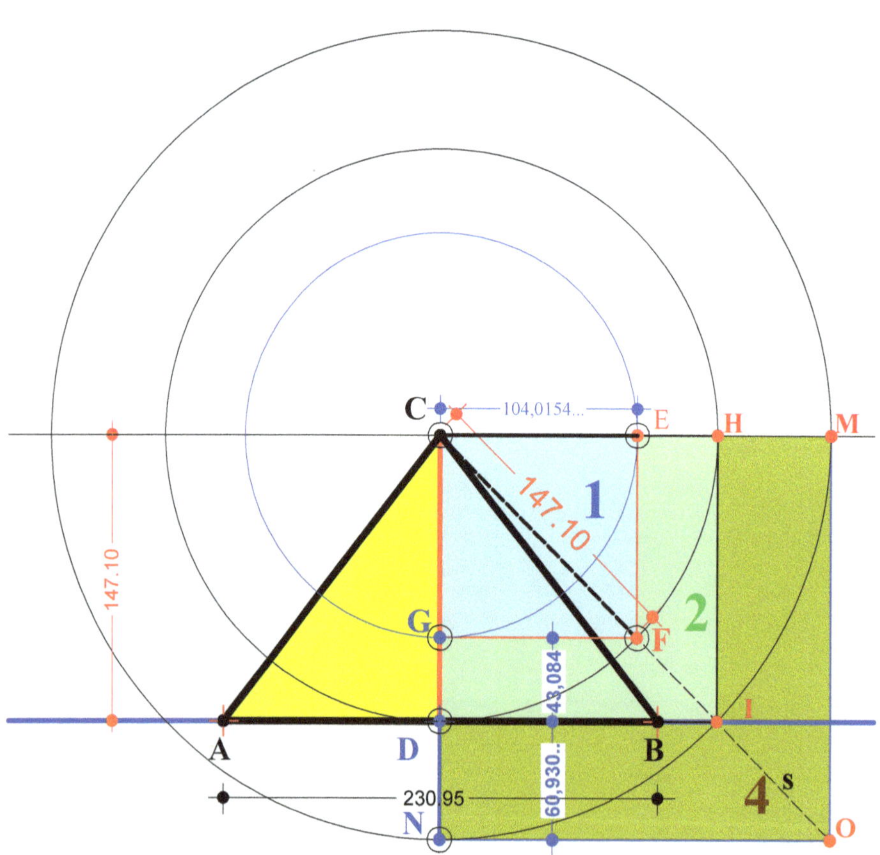

... per realizzare il triangolo che ... rappresenta ... la ... **sezione** ...della

... PIRAMIDE DI CHEOPE ...

... siamo partiti dalla dimensione del ... **Meridiano Terrestre** ...

... con π ... o ... con ... Ø

... abbiamo determinato ... **l'altezza** ...

... con la ... **diagonale** ... del ... **quadrato** ... abbiamo individuato ...

... i quadrati ... **1** ... **2** ... **4** ...

... il disegno che ... **così** ... abbiamo realizzato ...

... ci ... da ... altre ...

... **importanti** ... **misure** ...

...

... andiamo a vedere ...

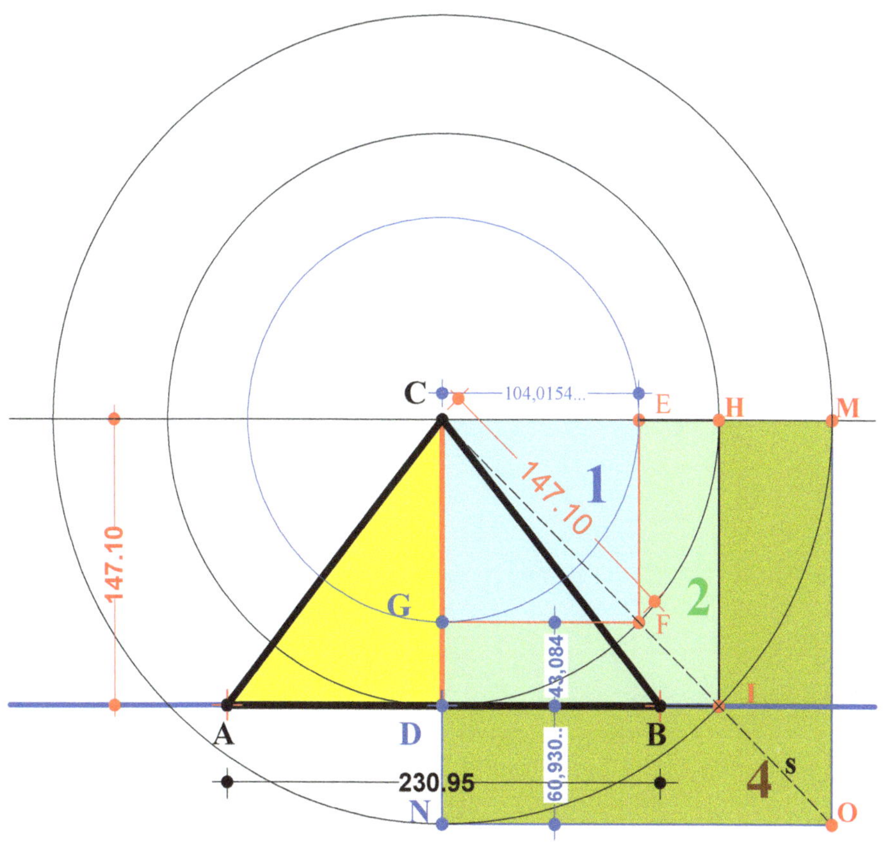

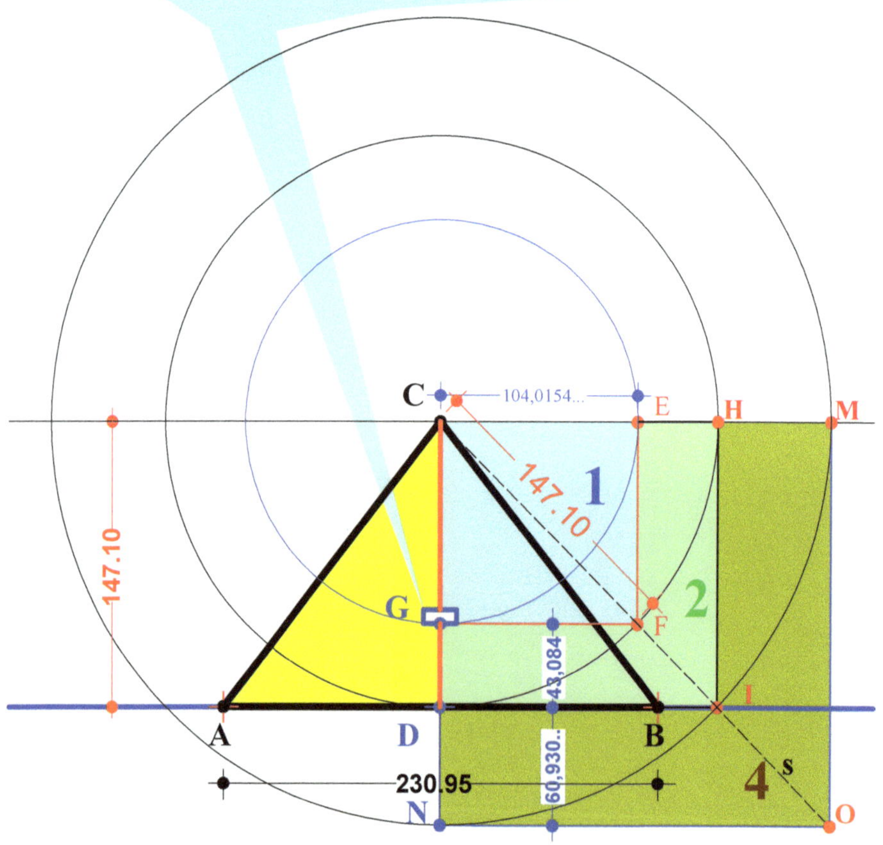

... a ... **43,084...** ml. dalla base, ... e siamo esattamente ...
... nella ... **metà** ... del segmento ... **C-N** ... nel punto ... **G** ...,
... è collocata la ...
... **camera del sarcofago** ... o ...**camera del RE** ...

nel libro ... **L'ENIGMA DELLA GRANDE PIRAMIDE**
I MISTERIOSI E MAGICI SEGRETI DELLA PIRAMIDE
DI CHEOPE ... di **Andre Pochan** ...
... Casa Editrice MEB s.a.s. ... edito nel 1974 ...

...**Andre Pochan** ... posiziona la ... **camera del RE** ...
... a ... **43,00** ml. ... dalla ... base ...

C
104,0154...
E
H
M
147.10
1
147.10
G
2
F
43,084
230.95
60,930..
B
A
D
I
4 s
N
O

... a ... **21,542...** ml. dalla base, ... e siamo esattamente ...

... nella ... **metà** ... del segmento ... **G-D** ...,

... è collocata la ...

... **camera mediana** ...detta ... **della "REGINA"** ...

...**Andre Pochan** ... posiziona la ... **camera della "REGINA"** ...

... a ... **21,70** ml. ... dalla ... base ...

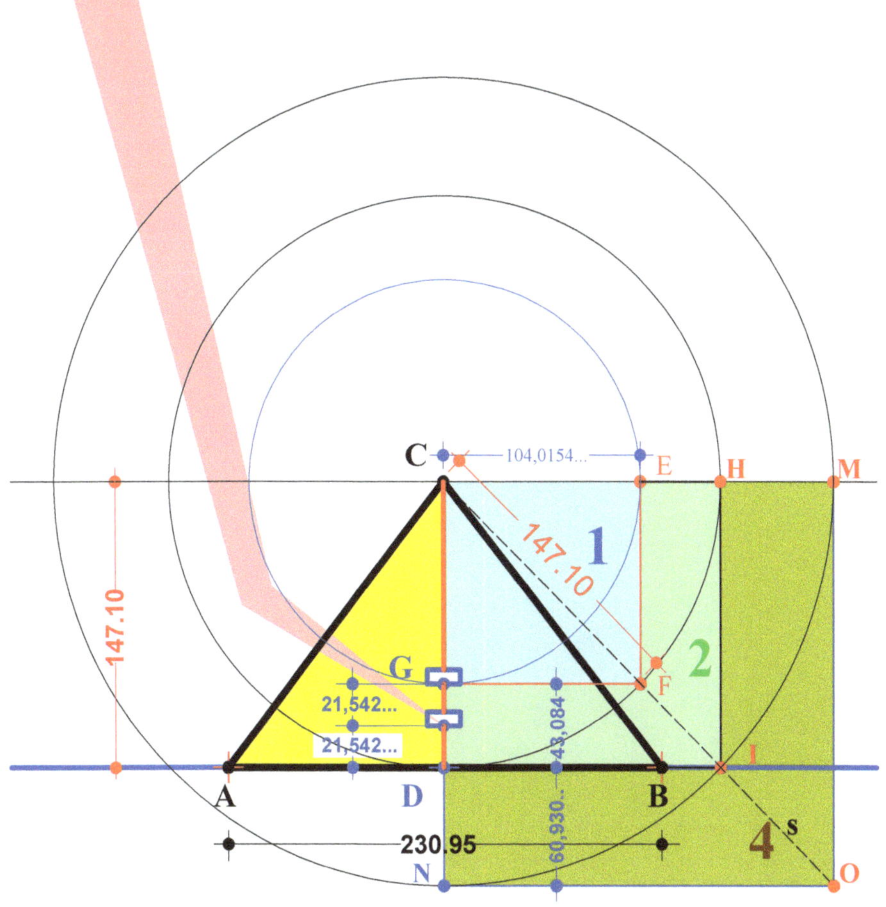

... a ... **-60,930...** ml. ... dalla base della Piramide ...,

... che coincide con la base ... **D-I** ... del ... **quadrato** ... **2** ...,

... è collocata la ... **quota** ... del ...

... **livello** ... del ... **Mare Mediterraneo** ...

... che coincide con la base ... **N-O** ... del ... **quadrato** ... **4** ...

...**Andre Pochan** ... posiziona la ... **quota** ... del ...

... **livello** ... del ... **Mare Mediterraneo** ...

... a ... **-59,60** ml. ... dalla ... base ...

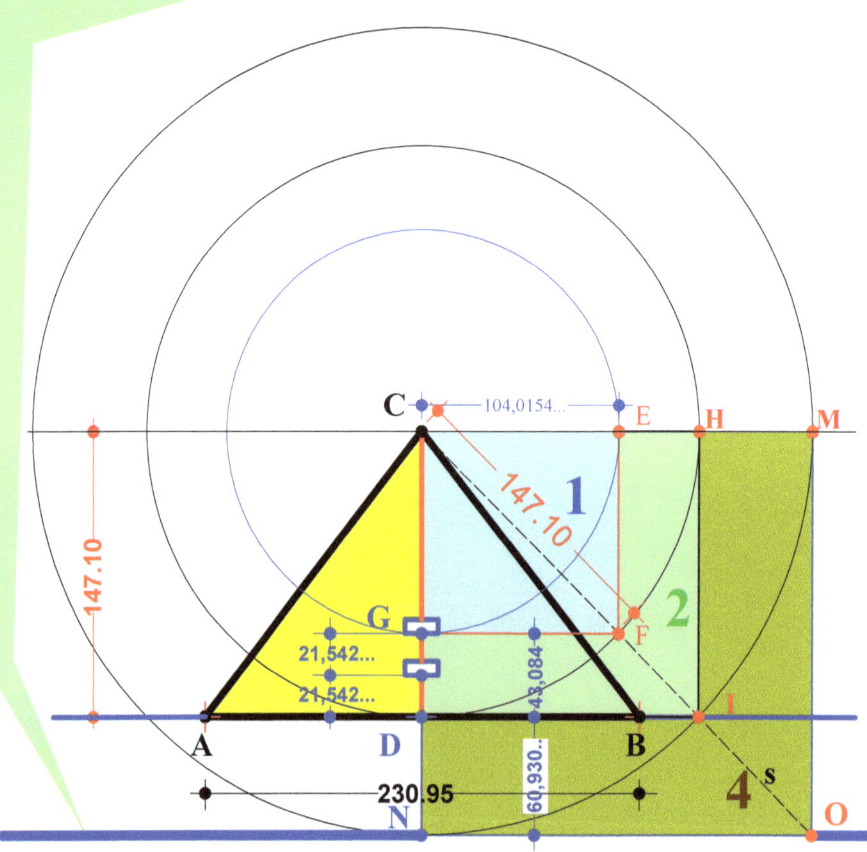

... a ... **-30,465...** ml. ... dalla base della Piramide ...,

... che coincide con la base ... **D-I** ... del ... **quadrato** ... **2** ...,

... individuiamo la ... **quota** ... della ...
... **camera sotterranea** ...

...**Andre Pochan** ... posiziona la ... **quota** ... della ...
... **camera sotterranea** ...
... a ... **-30,70** ml. ...

... a ... **-58,10...** ml. ... dalla base della Piramide ...

... **ERODOTO** ... ha ipotizzato la presenza di una ...

... **camera** ...

... che poteva essere ... **allagata** ... con le acque del ...

... **NILO** ...

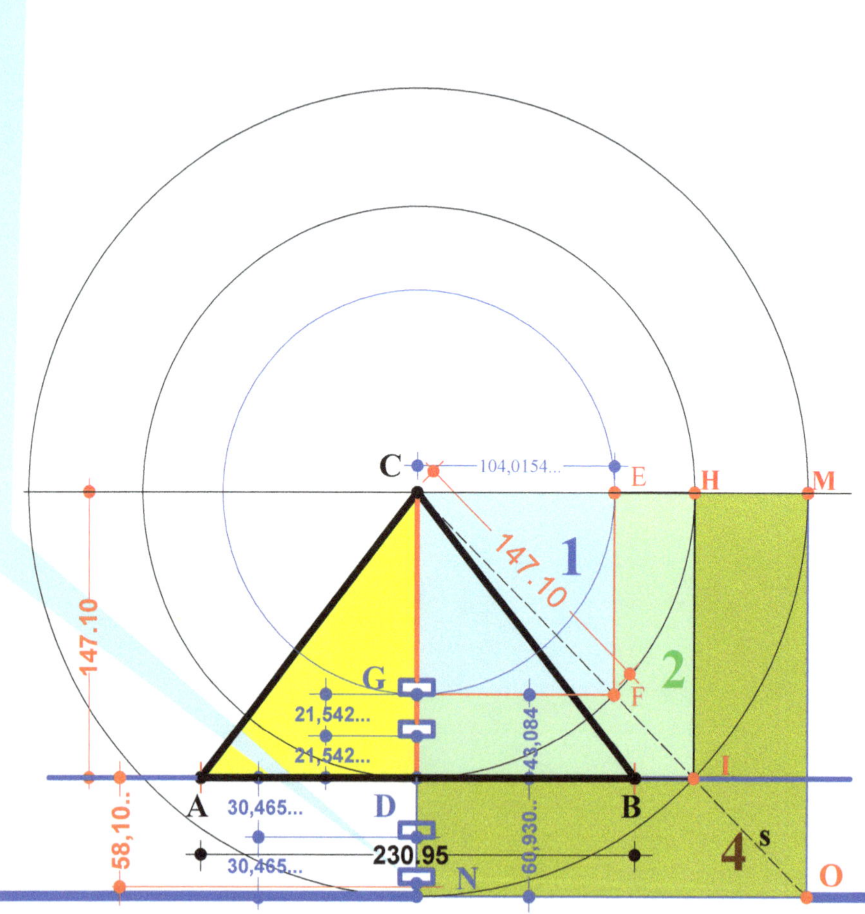

... il disegno ... sotto riprodotto ... ci da la possibilità di verificare ...
che ... l'affermazione ... fatta da ... **Erodoto** ... è ... **sostenibile** ...

... la misura ... **58,10** ... quota del pavimento della ... camera ...
... **ipotizzata da ... ERODOTO** ...
... risulterebbe essere ...
+2,83 m. sul livello del Mare Mediterraneo;
+1,33 m. rispetto al letto del fiume Nilo;
-0,92 m. rispetto alla superficie dell'acqua del fiume Nilo;
-7,42 m. dal livello della piena del fiume Nilo.

**... la camera ... ipotizzata da ... ERODOTO ... potrebbe esserci ...
e ... potrebbe ... anche ... essere ... allagata ... sia dal Nilo ... in
normali condizioni ... sia dal Nilo ... nei ... momenti ... di piena ...**
(potevano farlo)

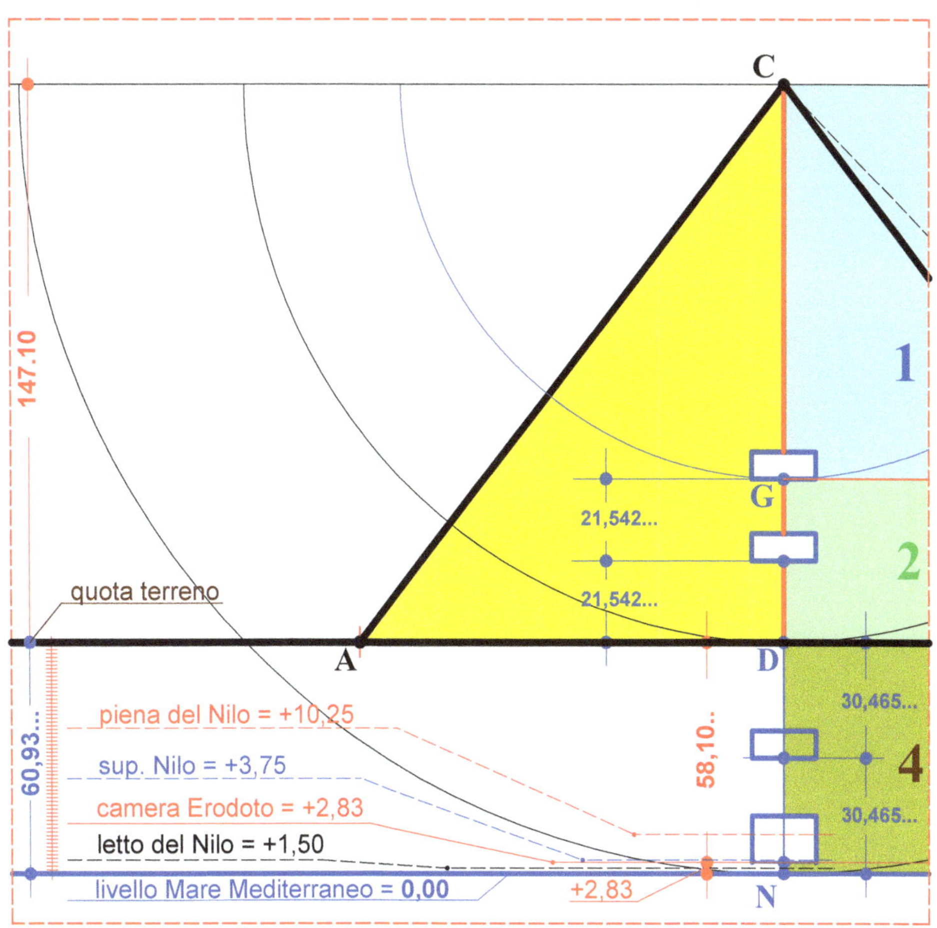

... questo è il disegno che abbiamo ottenuto partendo da un solo dato ...

... il perimetro di base della Piramide ...

... che abbiamo ricavato dal ...

... Meridiano Terrestre ...

... non abbiamo usato altre misure ... abbiamo soltanto seguito una ...

... geometria che ci ha condotto alla forma ... geometrica ...

... della Piramide di CHEOPE ...

... con ... π ... o ... con ... $\emptyset$ ...

... il ... risultato ... non ... cambia

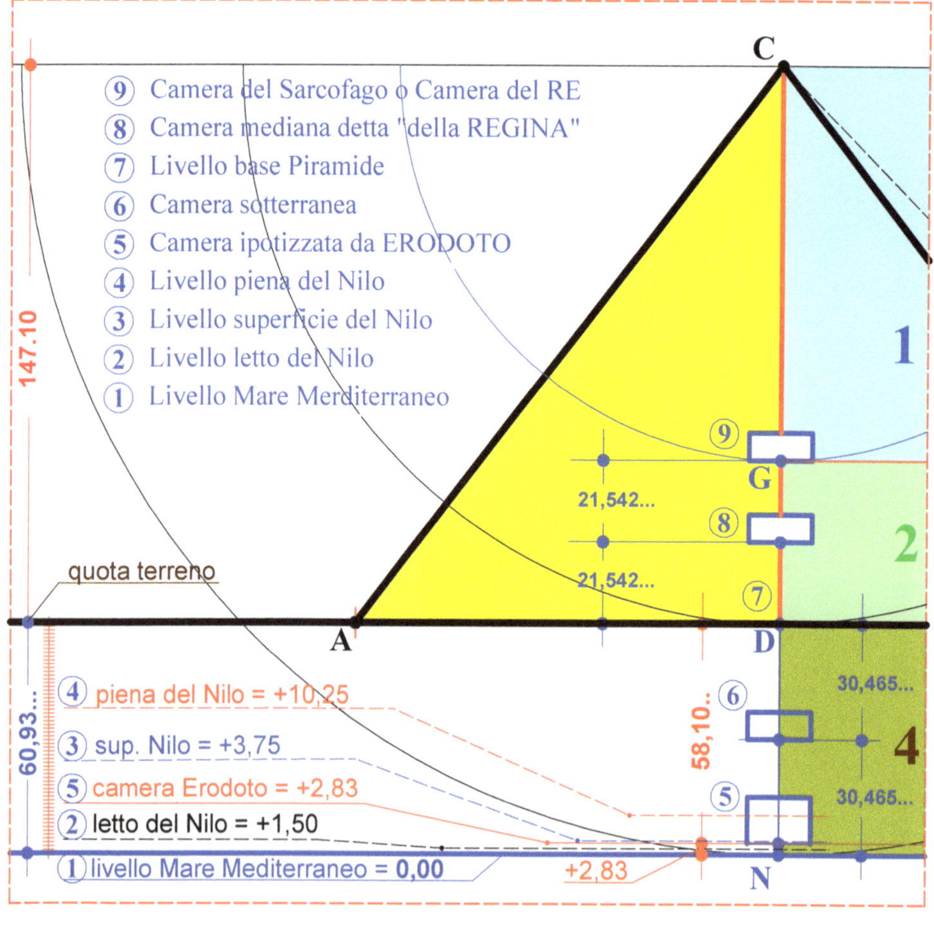

... questa immagine ...

... rapprenta la ... sintesi ... del ... percorso ... che abbiamo fatto ...

... seguendo ... **intuizioni** ... **geometriche** ...

... la geometria che abbiamo usato ...

... poteva essere ... adoperata ... anche dagli antichi ...

... **Egizi ?** ... penso ... di ... si ...

... la ... forma ... è significativa ...

**... la relazione tra il Raggio della
Terra e la Dimensione della
Piramide ...**

... è ... sostenibile ? ...

... sembrerebbe di si ...

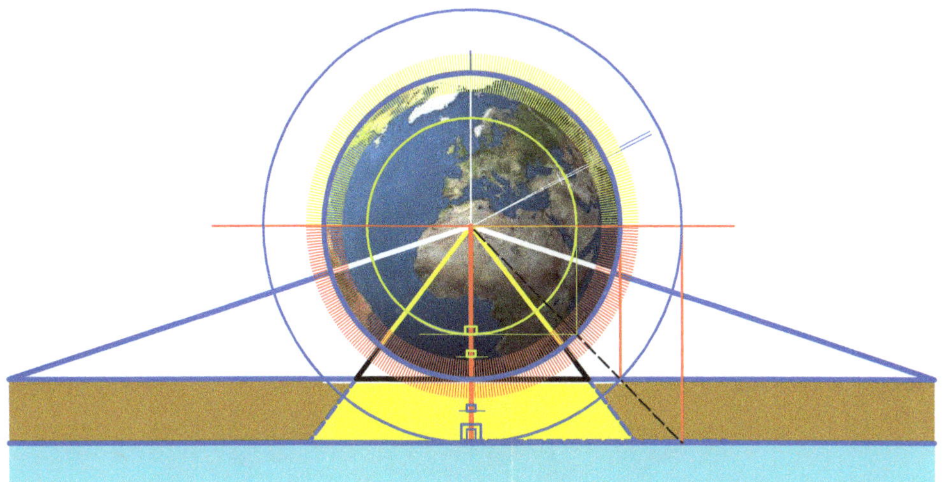

... una ... personale ... riflessione ...

... condivido il pensiero di chi sostiene che ... la civiltà ...
che progettò e realizzò le ... **PIRAMIDI** ... nella Piana di Giza, ...
... in particolare ... la ... **PIRAMIDE DI CHEOPE**, ... sia stata ...
... una civiltà precedente alla civiltà ... **Egizia dei Faraoni** ...

... una civiltà con ... **notevoli conoscenze** ... molto avanzate ...
... superiori alle nostre ... conoscenze ... attuali ...

... quindi mi pongo la domanda ...

... perché avrebbero dovuto mediare l'altezza tra ...
... la soluzione con π e la soluzione con $\varnothing$ ... ?
... avrebbero ... realizzato una Piramide ...
... ibrida ...
... e la cosa non ha senso ....

... penso ... che ... **altre** ... possano .... essere ... state ... le **soluzioni** ...
... da loro ... **adottate** ...
... e ... **a noi** ... **sconosciute** ...

... andiamo ... a ... considerare ...
una soluzione che non tiene conto ne di π ne di $\varnothing$
... ma ... prende in cosiderazione ...

... la ... LOSANGA ... di ... GIZA ...

... il ... QUADRILUNGO ...

... disegnato ... dal ... SOLE ...

Parte Sesta

6

LA LOSANGA DI GIZA
E IL QUADRILUNGO

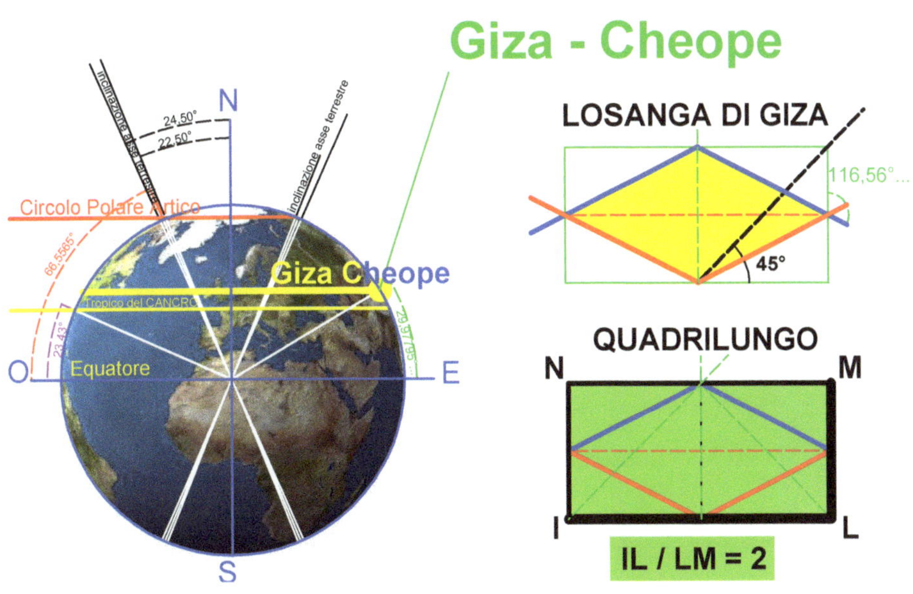

... nella ... Parte 4 ... abbiamo imparato a costruire la ... **Losanga** ...
ed abbiamo visto come ... ad ... ogni ... **parallelo Terrestre** ...
corrisponda una ... determinata ... **Losanga** ...

... abbiamo anche considerato i rettangoli che contengono le ...
... Losanghe ... e fra i tanti esempi che si possono fare ... abbiamo ...
evidenziato alcuni esempi significativi ... per ... la ... caratteristica ...
... della geometria del rettangolo ...

... abbiamo visto che in un ... **parallelo terrestre** ... **particolare** ...
... **55,85°**... **di Latitudine** ... *(Rosslyn)*
... la ... **Losanga** ... è ... inscritta ... in ... un ... **quadrato** ...

... in particolare ... nella ... **Piana di Giza** ... la ...
... **Losanga** ... è ... inscritta ... in ... un ...

... RETTANGOLO QUADRILUNGO ...

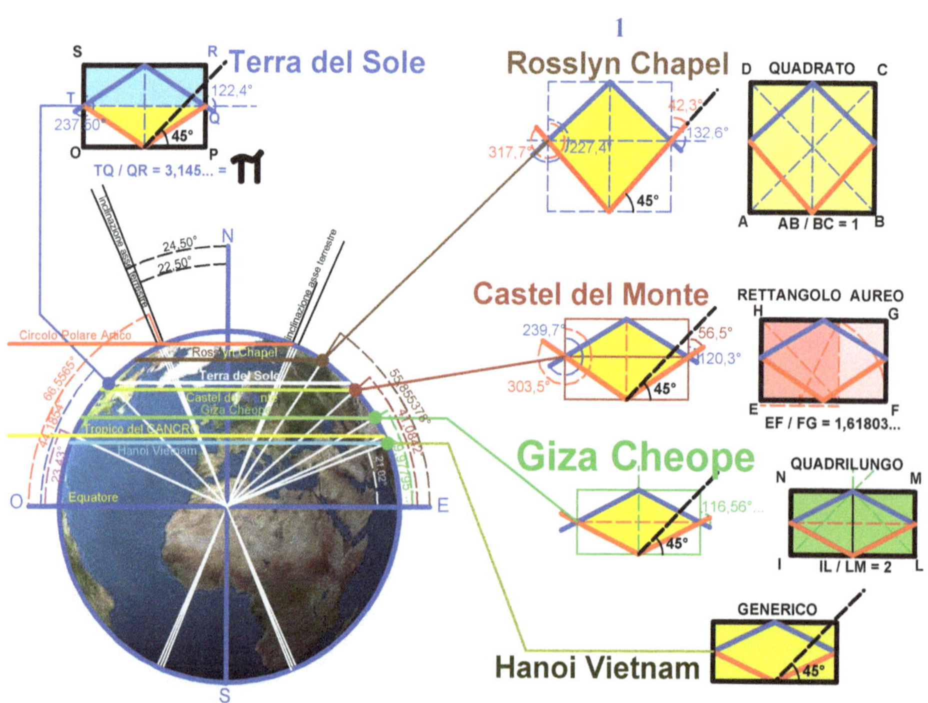

... **Giza** ...

... **PIRAMIDE DI CHEOPE** ...

... Egitto ... Latitudine ... **29,9758°**...

... obiettivo di questo libro è ...

... tentare ... di ... comprendere ...

... le ... geometrie ... nascoste ...

...che ...

... insieme ...

... andiamo ...

... a ... scoprire ...

... nella ...

...PIRAMIDE DI CHEOPE ...

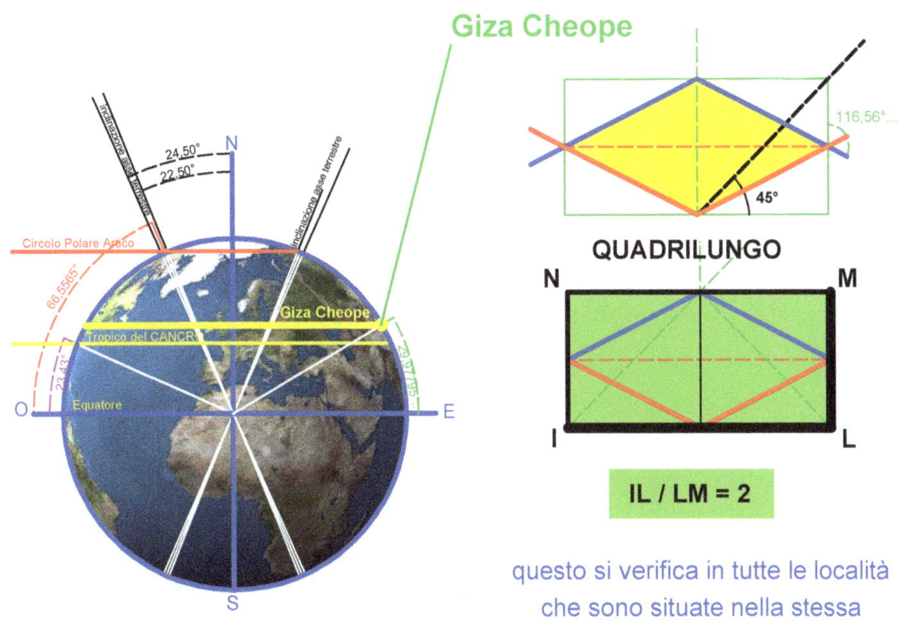

questo si verifica in tutte le località

che sono situate nella stessa

... Latitudine di ... circa ... **29,97795°** ...

... a pagina ... 33 ... e precedenti, ... abbiamo visto che
... la ... **LOSANGA** ... è ... una ... caratteristica ... di ... ogni ...
... singolo ... luogo ...
... ogni città ha la sua ... Losanga ...
... ogni Monumento ha la sua ... Losanga ...

... la ... **PIRAMIDE DI CHEOPE** ...
... ha la sua ... **Losanga** ...
... andiamo a costruirla e vediamo che cosa contiene ...

... prima di procedere con la costruzione della Losanga ...
... sono doverose alcune riflessioni:
- per quanto abbiamo detto nei paragrafi precedenti ...
abbiamo compreso che le ... **quattro** ... direzioni dei raggi del sole
... al sorgere e al tramonto del Solstizio d'Estate ... e   ...
... al sorgere e al tramonto del Solstizio d'Inverno ...
... non ... hanno ... angoli ... uguali ... rispetto ... all'asse ...
... Equinoziale ... Est - Ovest ...

... questo ... è dovuto al movimento di ... **rivoluzione** ... che la Terra ...
... compie attorno al ... Sole ...
... la differenza è minima ... quasi trascurabile ... ma ...
... per una ... precisa ... costruzione geometrica ... consideriamo ...
la direzione del ... primo ... raggio ... al ... sorgere del Sole ... nel
... SOLSTIZIO D'INVERNO ...

... perché ... il ... **Solstizio d'Inverno** ? ...
... i nostri Antenati ... festeggiavano il ... Solstizio d'Inverno ...
perché è l'ultimo giorno della diminuzione delle ore della ... **luce** ...
giornaliera ... da questo giorno ... le giornate cominciano ad allungarsi
e ... di conseguenza il buio a diminuire ... ... (questo ... ogni ... anno) ...

... pensavano che questo fosse un dono degli ... **Dei** ... e ... ritenevano ...
... che ... questo giorno ... particolare ... e ... molto ... importante ...
... fosse il giorno della venuta ... o ... nascita ... di una ...
... DIVINITA' ...
. molti sono gli ... esempi ... che possono essere ... elencati ...
- Cristo - Bacco - Sol Invictus- Mithras - Gabalo - Dionisio - Adone -
- Attis - Tammuz - Baal-Marduk - Osiride - ......ecc... e molti altri ...

... la Latitudine di ... **GIZA** ... è ... **29,97795°** ...

... a questa Latitudine il primo raggio di Sole ... al ...

... SOLSTIZIO D'INVERNO ... (S.I.)

... forma un angolo di ...

... 116.56° ... *circa*

... rispetto alla direzione ...

... Nord-Sud ...

... disegnamo ... **l'ombra** ... dello ... **gnomone** ...

... H ...

(consideriamo lo Gnomone come un palo ... perfettamente ...
... verticale ... posto nel punto ... **H** *...)*

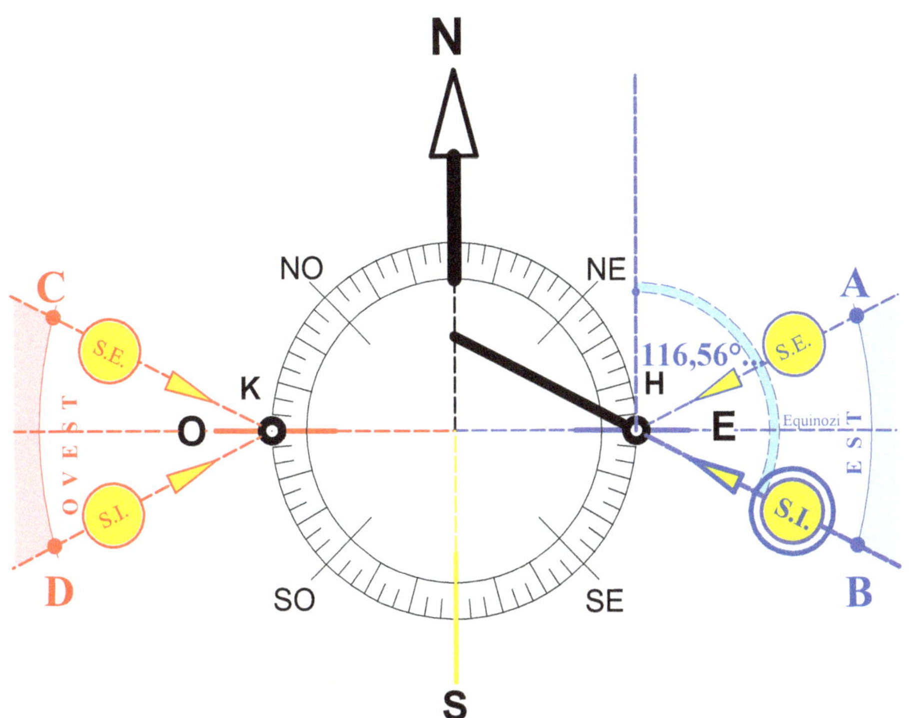

... l'ombra dello gnomone ...

... **H** ...

... che ha la direzione del ...

... **primo** ... **raggio** ...**di sole** ...

... nel giorno del ...

... **Solstizio d'Inverno** ...

... ci da ... subito ... un ... dato ...

... significativo:

... i due cateti sono in rapporto di ...

... **1/2** ...

... il ... **cateto** ... **orizzontale** ...

... misura il ... **doppio** ...

... del ... **cateto** ... **verticale** ...

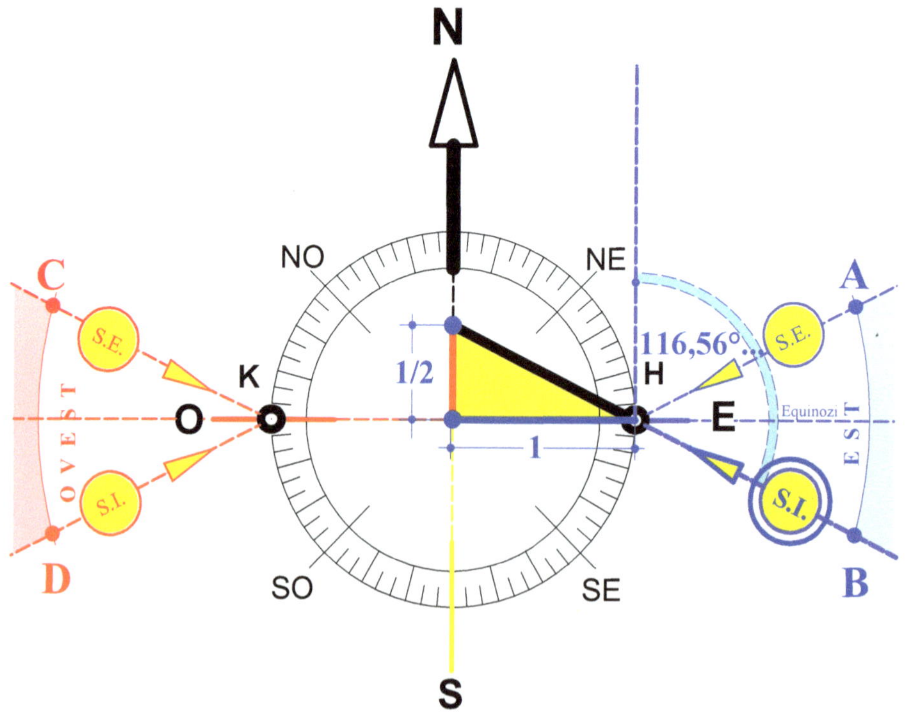

... continuiamo a ... costruire ... la ... **Losanga** ...

... ribaltiamo ... **l'ombra** ... di ... **H** ... rispetto all'asse ...
... NORD - SUD ...

... abbiamo ... le due ombre ... che i due ...

... GNOMONI ...

... H ... e ... K ...

formano rispettivamente

... al sorgere del sole ...

e

... al tramontare del sole ...

nel giorno del

... Solstizio d'Inverno ...

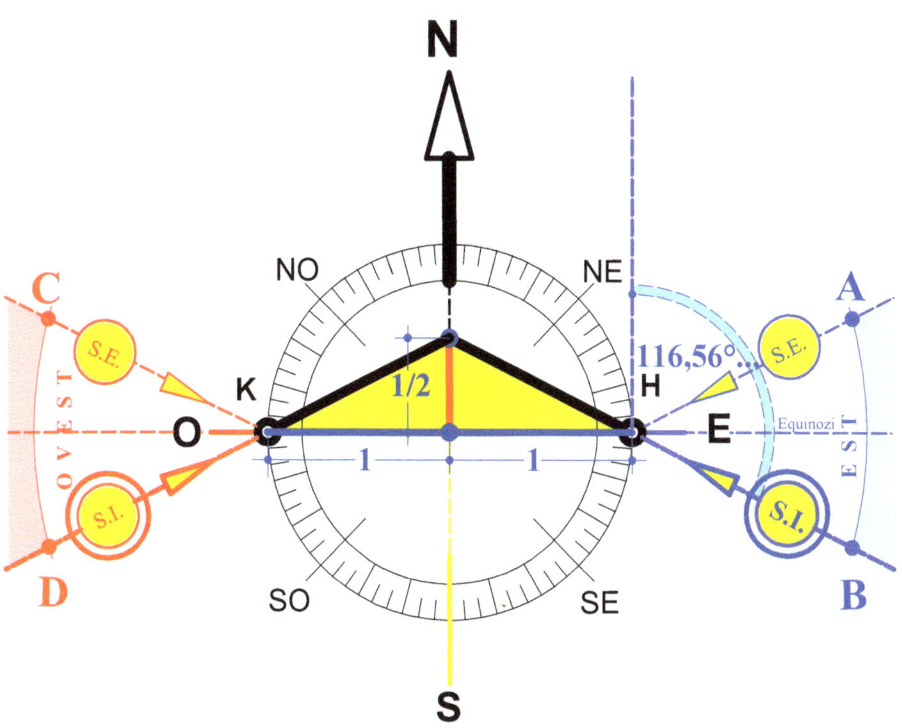

... ribaltiamo ... **l'ombra** ... di ... **H** ... e ... **K** ... rispetto all'asse ...
... EST - OVEST ...

... abbiamo ... le due ombre ... che i due ...

... GNOMONI ...

... **H** ... e ... **K** ...

formano rispettivamente
... **al sorgere del sole ...**
e
... **al tramontare del sole ...**
nei giorni del

... Solstizio d'Estate ...

... e ... del ...

... Solstizio D'inverno ...

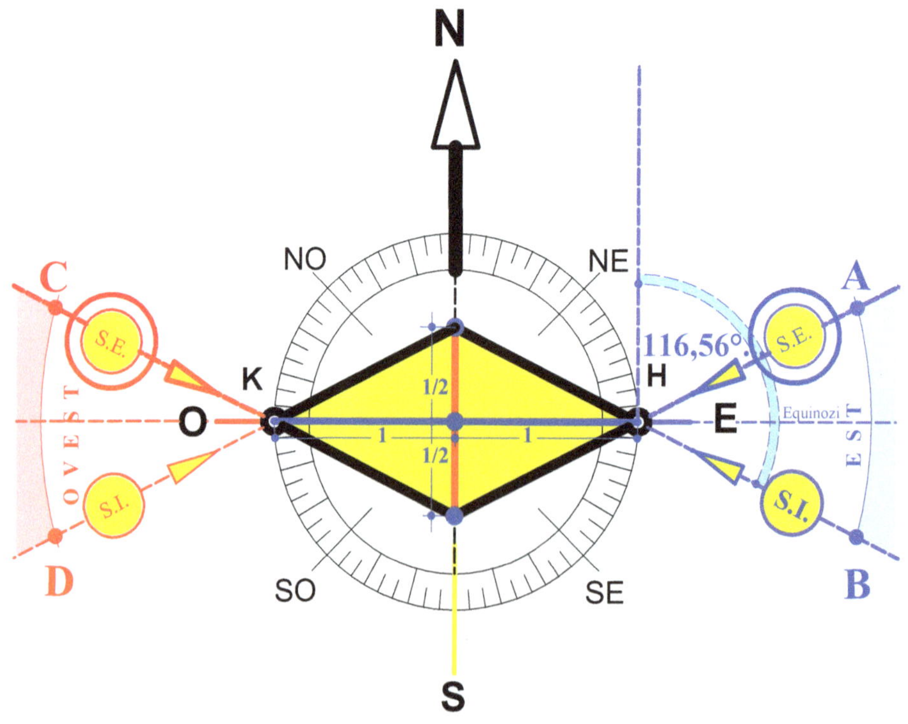

... abbiamo ottenuto l'immagine della ...
... LOSANGA DI GIZA ...

... come tutte le ... **Losanghe** ... è ... **contenuta** ... in un ...
... **rettangolo** ...

... disegnamo il ... **rettangolo** ... **A-B-C-D** ...
... i ... **vertici** ... della ... **Losanga** ...
... **coincidono** ... con i ... **punti** ... **medi** ... dei lati del ... **rettangolo** ...

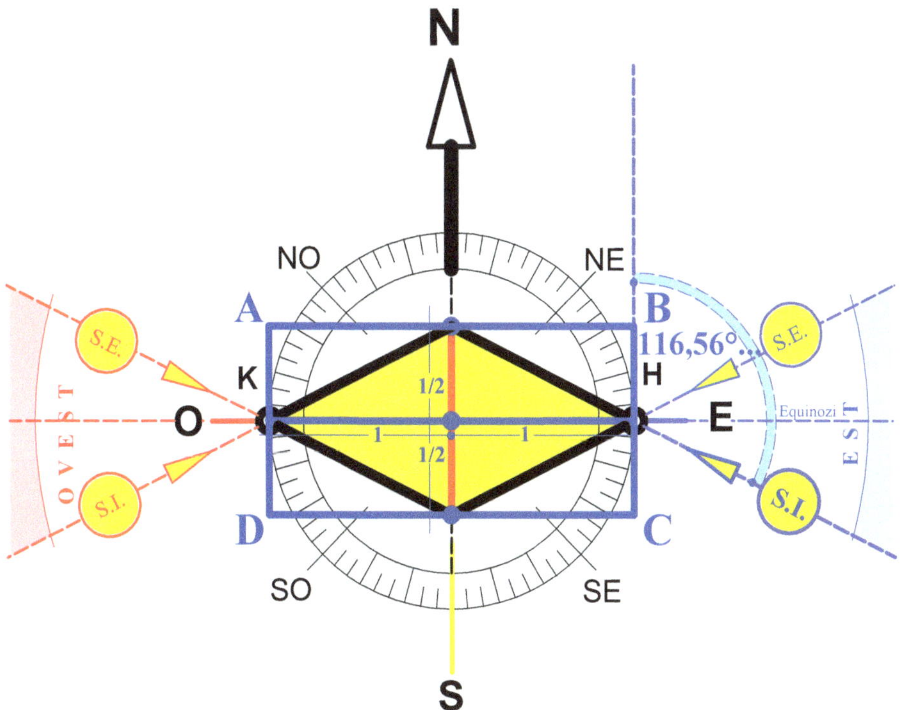

... il ... **Rettangolo** ... ottenuto ... è ... un ... rettangolo ...
... **particolare** ...
... un ...
... QUADRILUNGO ...
... cioè ... formato da ... **due** ...

... QUADRATI ...

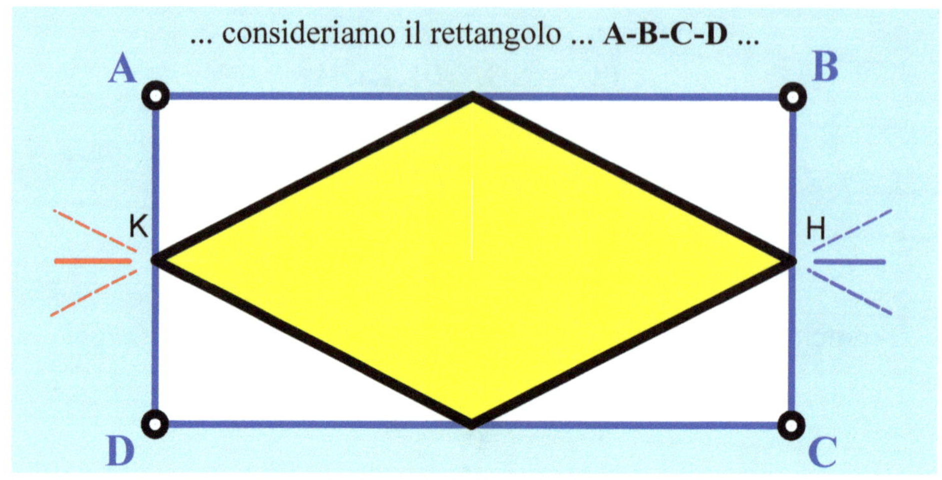
... consideriamo il rettangolo ... A-B-C-D ...
A
B
K
H
D
C

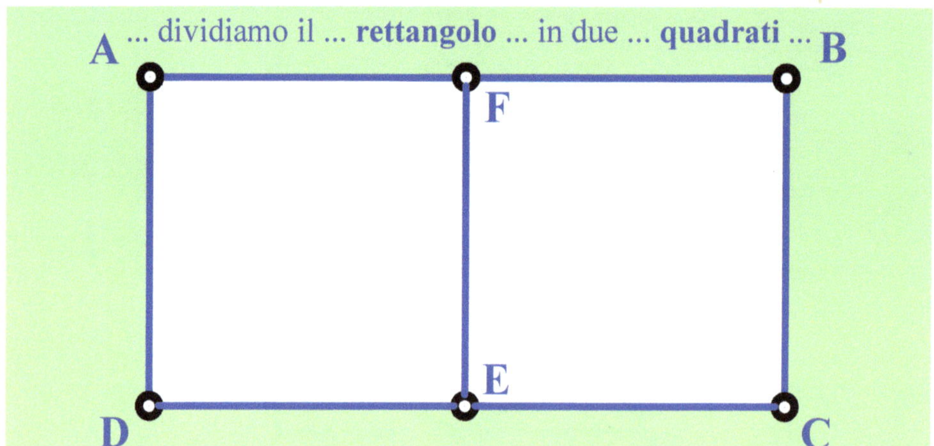
... dividiamo il ... rettangolo ... in due ... quadrati ...
A
B
F
E
D
C

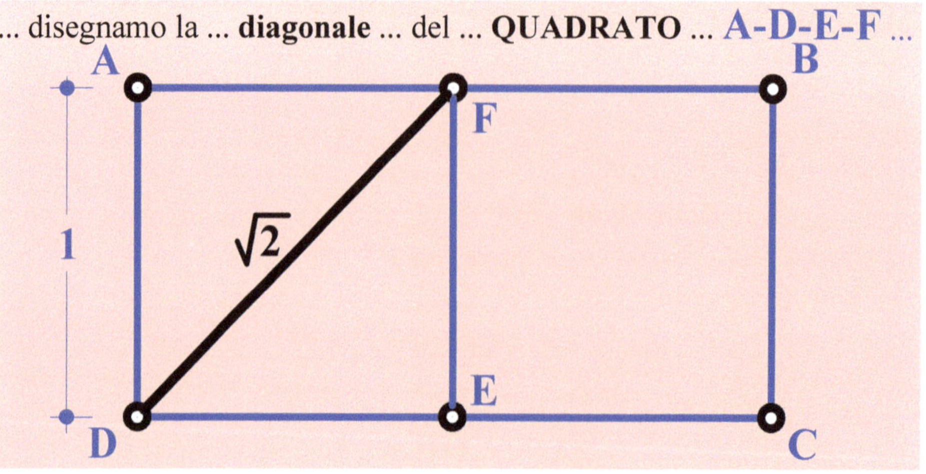
... disegnamo la ... diagonale ... del ... QUADRATO ... A-D-E-F ...
A
B
F
√2
1
E
D
C

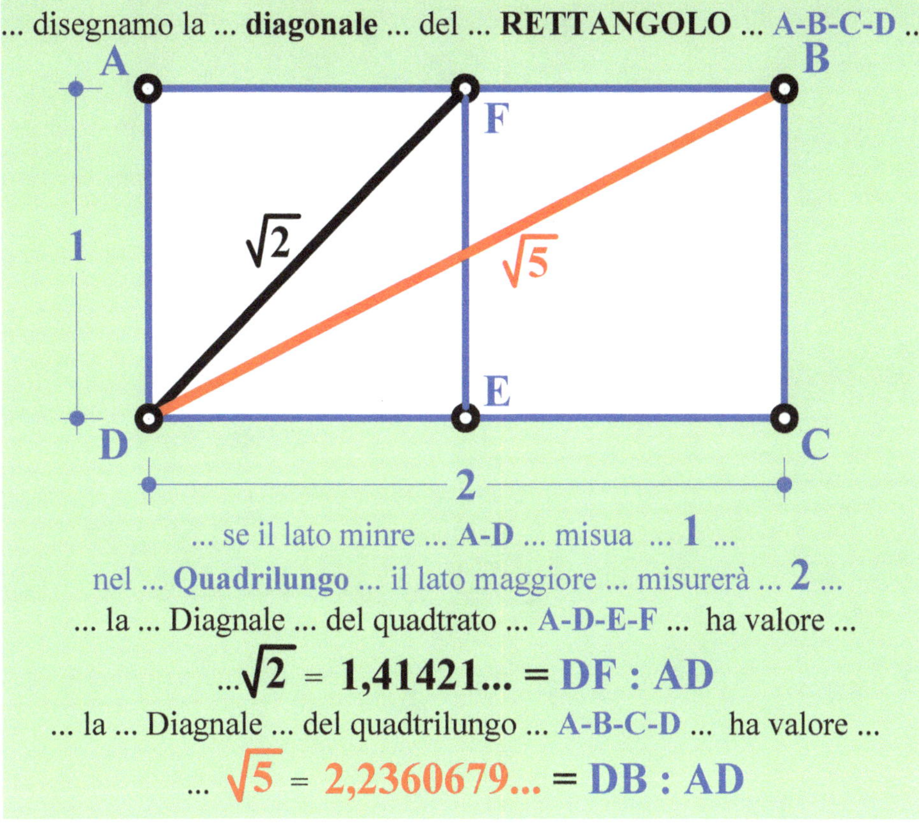

... il lato maggiore del Quadrilungo ... **A-B** ... o ... **C-D** ... ha valore ...

$$...\sqrt{4} = 2 = DC : AD$$

... costruiamo un ... **Quadrilungo** ... **conoscendo** ... la **misura** ...
... della sua ... **DIAGONALE** ...

disegnamo un ... Quadrilungo ... *(rettangolo formato da due quadrati)*
... **di qualsiasi dimensione** ...

... tracciamo la ... Diagonale ... **D-B'** ...

$$DB' : A'D = \sqrt{5} = 2{,}2360679...$$

... prolunghiamo il segmento ... **D-B'** ... fino a renderlo uguale alla ...
... misura stabilita ...

$$DB : AD = 2{,}236067... = \sqrt{5}$$
(i due rettangoli sono simili)

... **A-B-C-D** ... è il quadrilungo costruito data la ... **DIAGONALE** ...

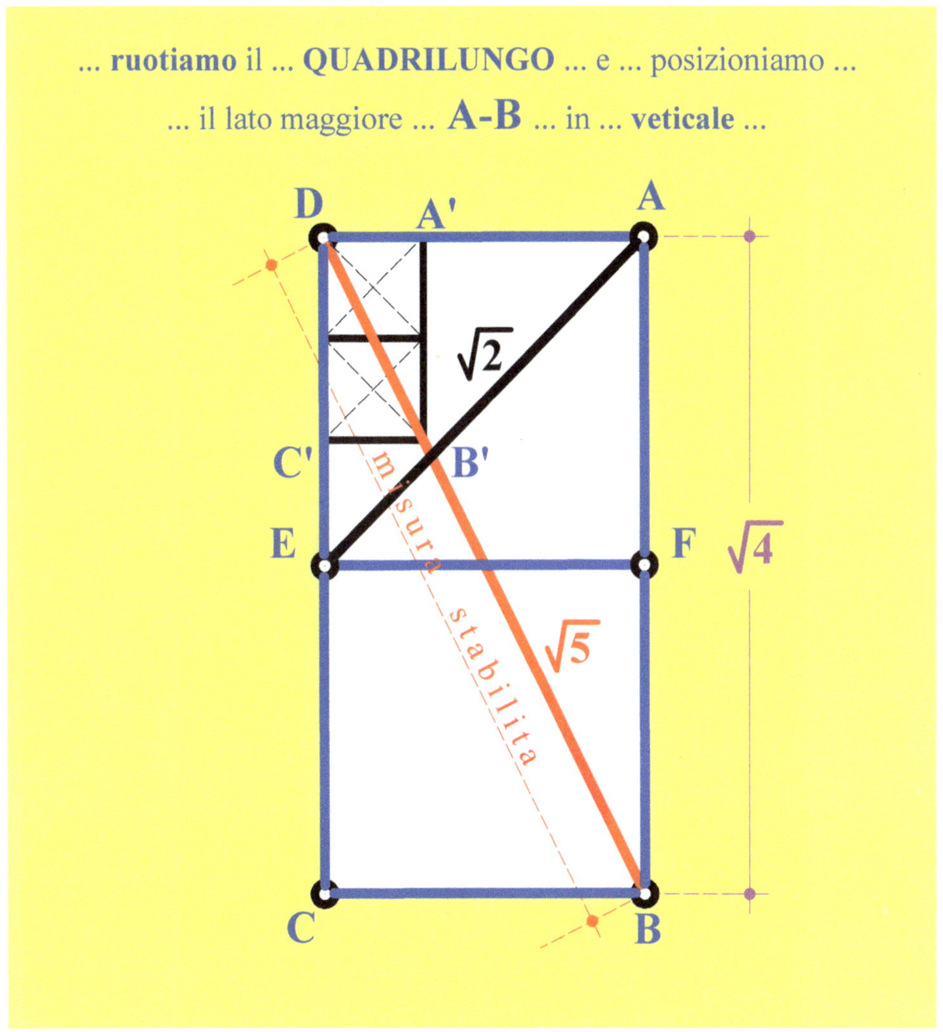

... la rotazione effettuata ... ci serve ... per meglio comprendere ...

... ciò che andiamo a svolgere ...

e che riguarda

... una ... **nuova strada ...** per definire ...

le geometrie della

... PIRAMIDE DI CHEOPE ...

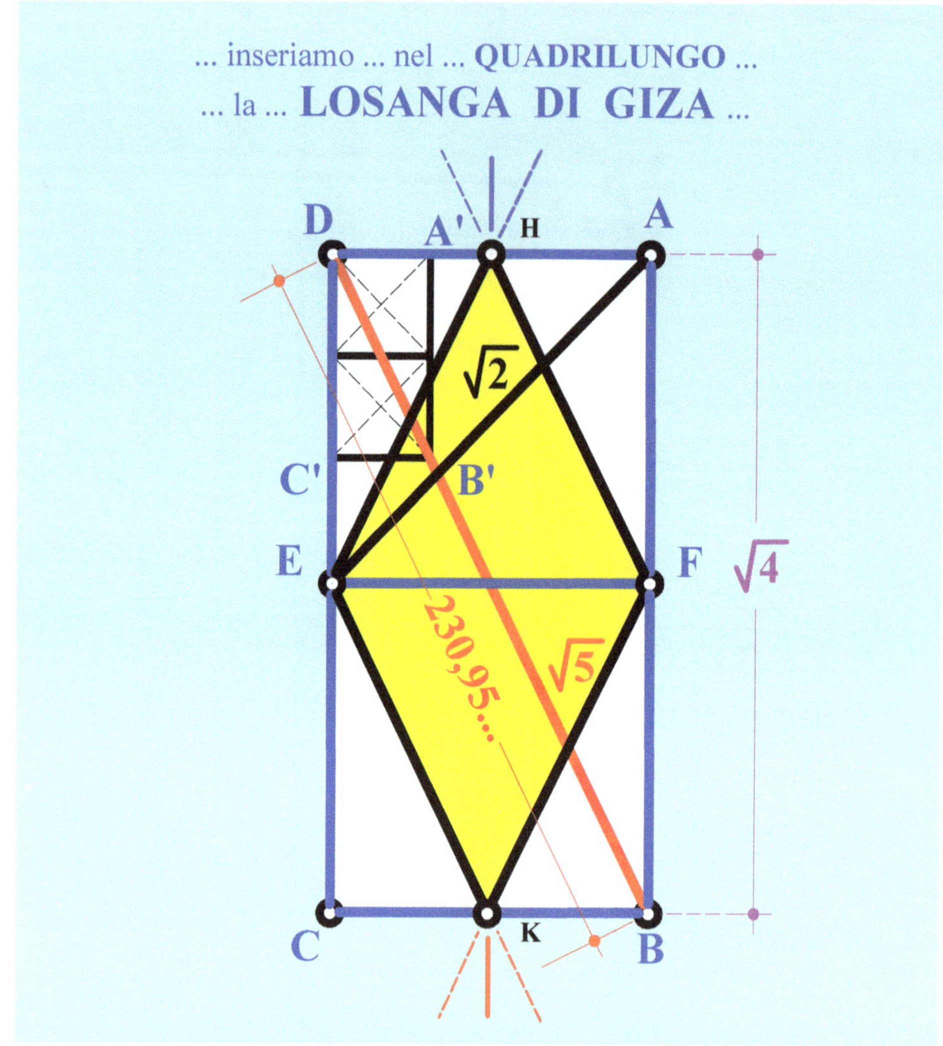

... assumiamo come ... **misura stabilita** ...
**"la lunghezza ottenuta dalla misurazione del
MERIDIANO TERESTRE":**

230,95 ml.

... pari a un quarto della lunghezza della corda di mezzo minuto

... di ... grado ... dei ... 360 ... gradi ... della circonferenza del ...

... Meridiano Terrestre ...

... riprendiamo da pag. 43 ... e ... procediamo ... per una ... strada ...
... diversa ... useremo ... la ... **LOSANGA DI GIZA** ...

... la misura del meridiano terrestre era nota sin dall'antichità ? ...
... gli Egizi ... e ... civiltà ... precedenti ... conoscevano questa misura ? ...

... penso proprio di si ...

procediamo: ... dal centro della circonferenza ... tracciamo due rette formanti
un angolo di ... 1° ... che intercetta sulla circonferenza un arco ... e ...
... quindi ... una ... corda ... di lunghezza pari a ... **Km. 110,856...** ...

... ogni grado è formato da ... **60' minuti** ... ogni minuto ... ha ...
... lunghezza di corda pari a ... **Km. 1,8476...** ...

... mezzo ... minuto ... di grado ... ha lungezza di corda ... pari ... a ...

... Km. 0,92380...   =   ... ml. 923,80...

... a pag. 45 abbiamo detto che ...
... il progettista ... o ... i ... progettisti ... potrebbero ...
... aver iniziato ... l'opera ...
... tracciando ... un ... segmento ... di ... lunghezza ...
... 923,80 ml. ...

... la quarta parte di questa misura ... corrisponde al lato ...
... della ... PIRAMDE ...

923,80 : 4 = 230,95 ml.
... il lato della ... PIRAMDE ...

230,95

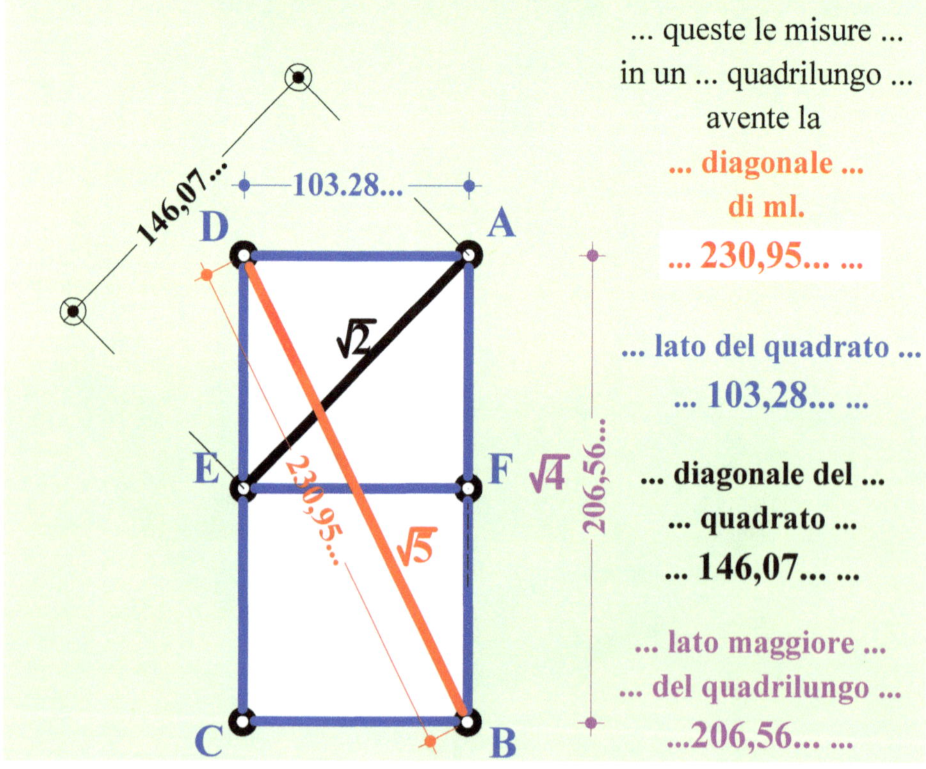

... queste le misure ...
in un ... quadrilungo ...
avente la
... diagonale ...
di ml.
... 230,95... ...

... lato del quadrato ...
... 103,28... ...

... diagonale del ...
... quadrato ...
... 146,07... ...

... lato maggiore ...
... del quadrilungo ...
...206,56... ...

... ipotizziamo ... che: ...
... le misure individuate nel ... QUADRILUNGO ...
... corrispondano ... alle ... misure ... della ...
... PIRAMIDE di CHEOPE ..

... la diagonale del ... **Quadrilungo** ... corrisponde alla misura del...
... lato di base ... della ... **PRAMIDE** ... pari a ... **ml. 230,95...** ...

... la diagonale del ... **Quadrato** ... **potrebbe ... essere** ... la misura ..
... dell'altezza ... della ... **PRAMIDE** ... pari a ... **ml. 146,07...** ...

... puntiamo il compasso in ... **A** ...
... e ... con apertura in ... **E** ... tracciamo una ... **circonferenza** ...

... la circonferenza interseca il segmento ... **A-B** ...
... nel punto ... **G** ...

... **A-G** ... **altezza** ... della ... **PIRAMIDE ?** ... *(...potrebbe essere...)*

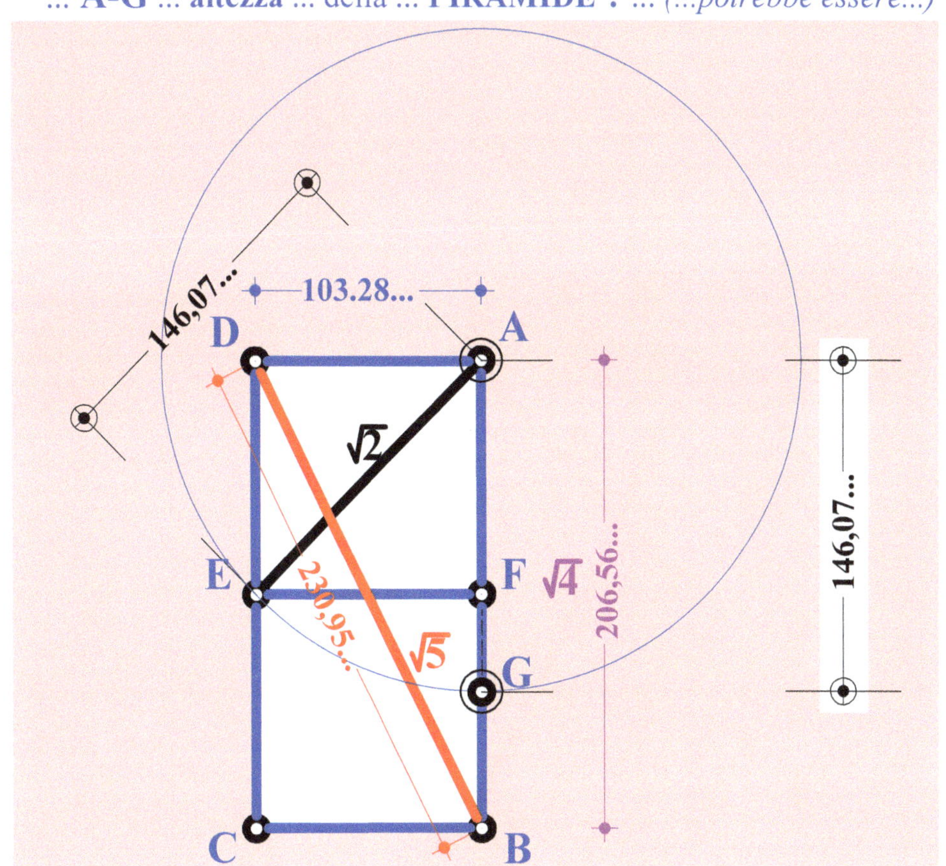

... disegnamo una ... **retta** ... **orizzontale** ...

... passante per ... **G** ...

... questa retta ... nella nostra ... ipotesi ... <u>**rappresenterebbe**</u> ...

... la quota ... del ... terreno ... su cui poggia la ...

... PIRAMIDE ...

... altezza determinata con ... ∅ ... **146,848...**

... altezza determinata con ... ⵑ ... **146,978...**

... altezze di Andre Pochan:

 146,563... al di sopra dello zoccolo

 147,088... al di sopra del basamento

... altezza determinata in questa ipotesi...   146,07...

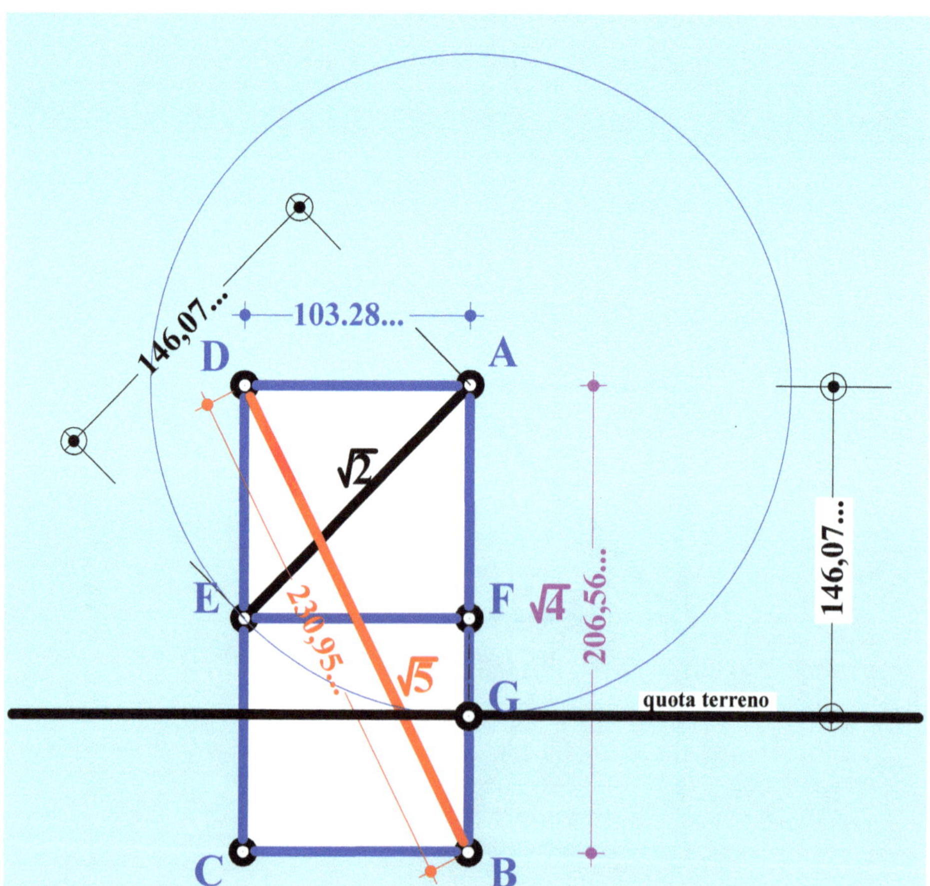

... disegnamo una ... **retta** ... **orizzontale** ...

... passante per ... **B** ...

... questa retta ... nella nostra ... ipotesi ... <u>**rappresenterebbe**</u> ...

... **la quota ... del ... Mare ... Mediterraneo...**

... quota determinata con ... ... **-60,93...**
... quota di Andre Pochan ... **-59,60...**   (al tempo di CHEOPE)

... **quota determinata in questa ipotesi...   -60,49...**

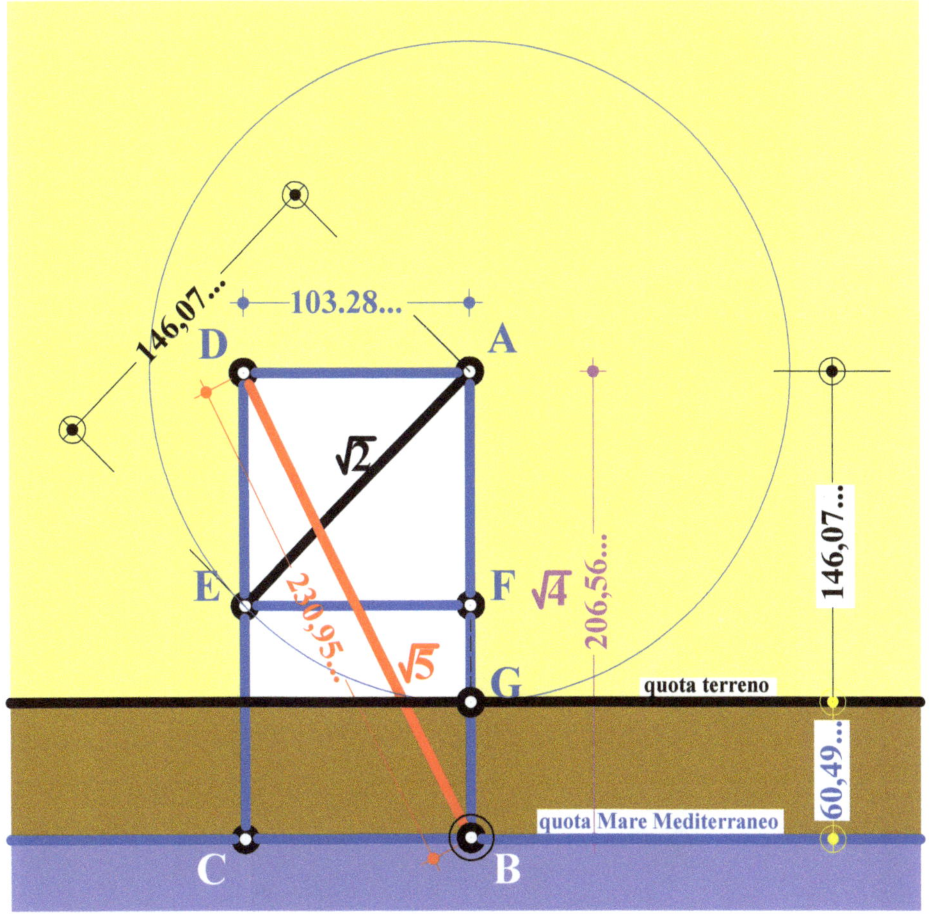

... individuiamo il centro ... **H** ... della diagonale del ...
... **QUADRIUNGO** ...

... trasliamo ... il segmento ... **D-B** ...
... sovrapponiamo il punto ... **H** ... al punto ... **G** ...

... con centro in ... **G** ... ruotiamo ... il segmento ... in ... **orizzontale** ...
.. e .. lo ... chiamiamo ... **I-L** ...

... abbiamo ... posizionato ... la ... base ... della ...
... **PIRAMIDE** ...
... ml. **230,95** ...

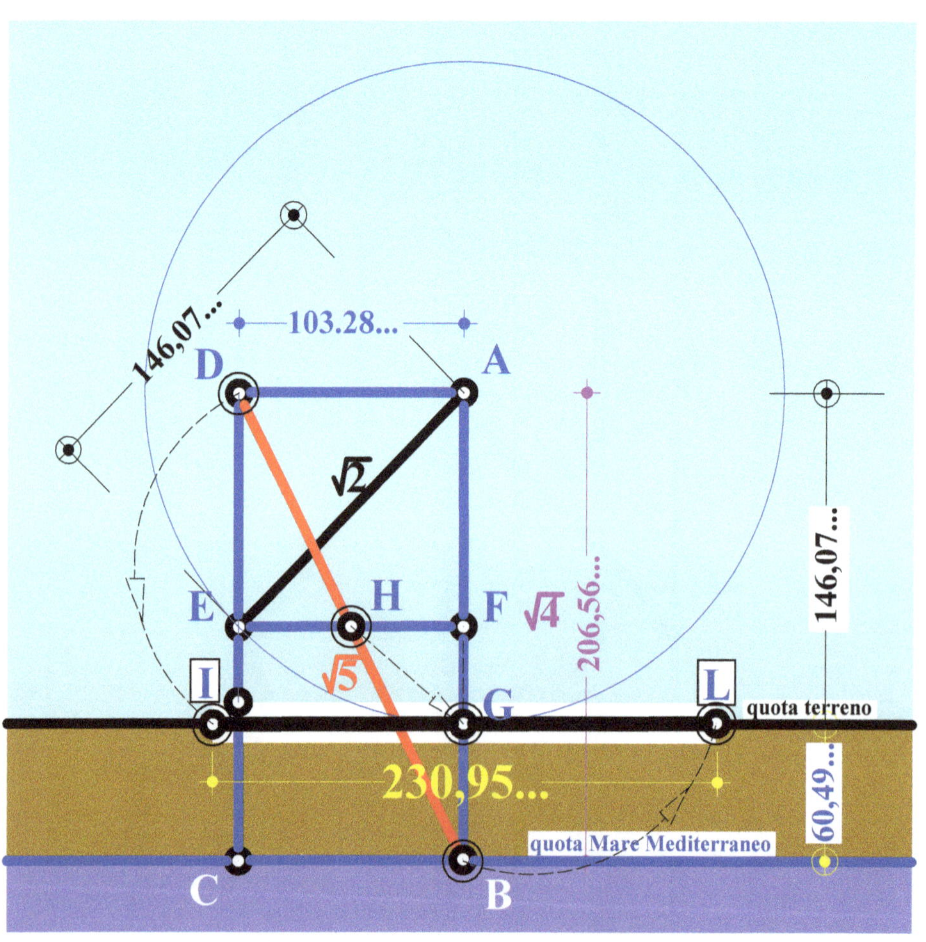

... congiungiamo ... **A - I - L** ...

... e formiamo il triangolo evidenziato in giallo ...

... il triangolo ... **A - I - L** ...

... **"rappresenta"** ... la ... **sezione** ... della ...

... **PIRAMIDE ?**...

... **è ... possibile** ...

... questa ... **sezione** ... con le sue dimensioni ...è stata ottenuta ...
utilizzando:

- il ... **Meridiano Terrestre** ... che ci ha fornito
... **l'unica misura** ... da noi adoperata ... nella costruzione geometrica ...

... **-** la ... **Losanga di Giza** ... generata dai ... **raggi** ... **Solari** ...

...**-** le ... **geometrie del ... QUADRILUNGO** ...

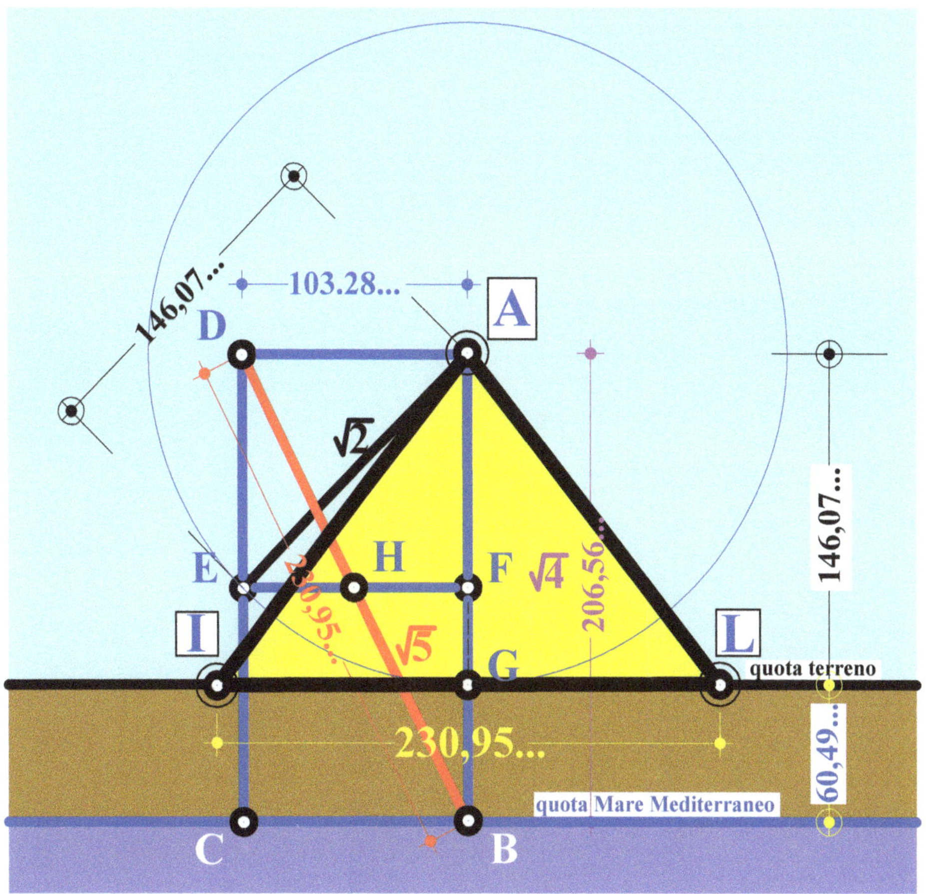

... tracciamo la retta ... **r** ... orizzontale passante in ... **A** ...

... tracciamo la retta ... **s** ... inclinata di ... **45°** ... passante in ... **A** ...

... la retta ... **s** ... interseca la ... circonferenza ... nel punto ... **E** ...

... evidenziamo il ... quadrato ... **A-D-E-F** ... che chiamiamo ... **1** ...
... calcoliamo la sua ... **superficie** ... che risulta essere di ...

... mq. 10.667,58... ...

... il quadrato ... **A-D-E-F** ... è il ... **quadrato** ... del ...

... QUADRILUNGO ... A-B-C-D ...

che abbiamo ottenuto dalla ... **LOSANGA** ... disegnata con ...
... i ... **primi raggi del sole** ... del ... **SOLSTIZIO d'INVERNO** ...

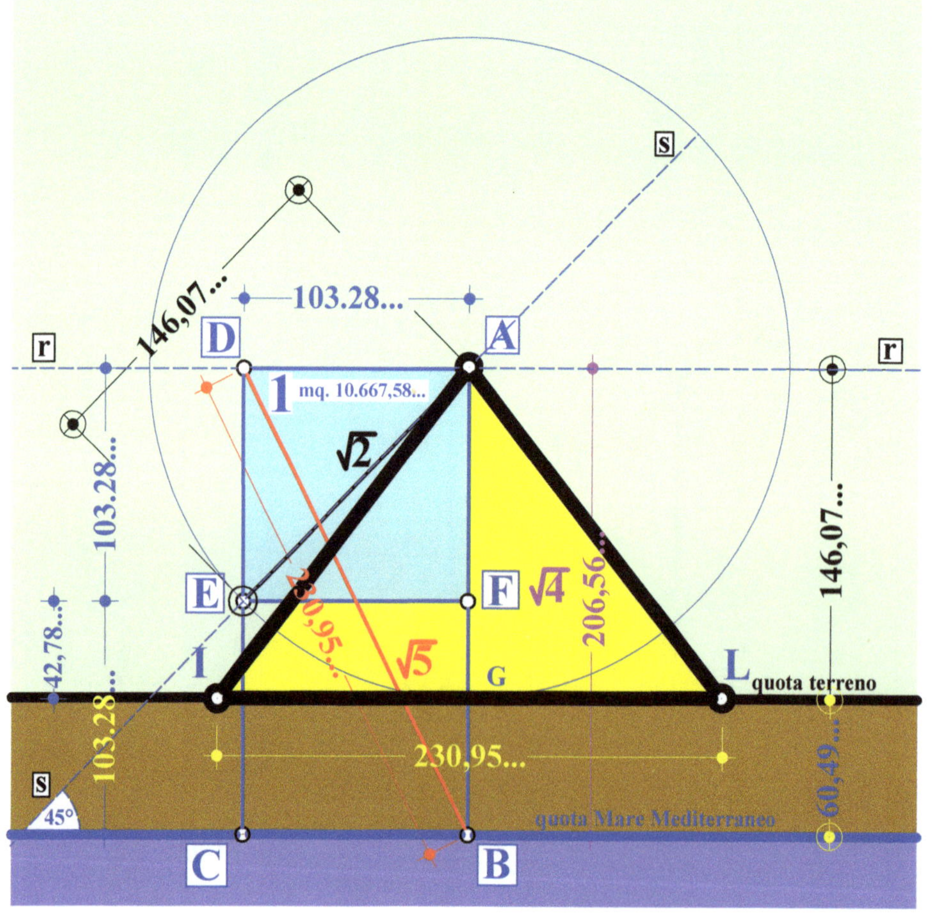

... osserviamo ... attentamente ... il disegno della pag. 96 ...
... e ... notiamo ... che:

... il lato ... **E-F** ... del quadrato ... **1** ... è posizionato ... **sattamente** ...
... nella ... **metà** ... del lato ... **A-B** ... del ... **Quadrilungo** ...
... a ... **ml. 103,28...** ...
... tra il ... **"vertice"** ... **A** ... della ... **Piramide** ...
... e la ... **quota** ... del ... **Mare Mediterraneo** ... nel punto ... **B** ...

... il lato ... **E-F** ... si trova ad una ... **distanza** ... da ... **terra** ... di ...
... **ml. 42,78...** ...

... a questa ... **quota** ... è ... **"posizionata"** ... la...

... CAMERA DEL SARCOFAGO ...
... o ...
... CAMERA DEL RE ...

- Rene Pochan la posiziona a ... quota ... **ml. 43,00** ... da terra

- con ... **ᴨ** ... l'abbiamo posizionata a quota ... **ml. 43,084** ... da terra

- con ... la ... **Losanga** ... e il ... **Quadrilungo** ... risulterebbe ...
... posizionata a quota ... **ml. 42,78** ... da terra

... le tre misure differiscono di pochi centimetri ...

... 43,084 - 42,76 = 0,304... ml. = 30,4... cm. ...
pari allo ... 0,70559 %

... la retta ... **r** ... interseca la circonferenza ... **C1** ... nel punto ... **M** ...

... tracciamo da ... **M** ... la perpendicolare al terreno ... che ...

... interseca ... la retta ... **s** ... nel punto ... **N** ...

... il segmento ... **M-N** ... misura ... **ml. 146,07...** ...

evidenziamo il ... quadrato ... **A-M-N-G** ... che chiamiamo ... **2** ...
... calcoliamo la sua ... **superficie** ... che risulta essere di ...
... **mq. 21.335,16...** ...

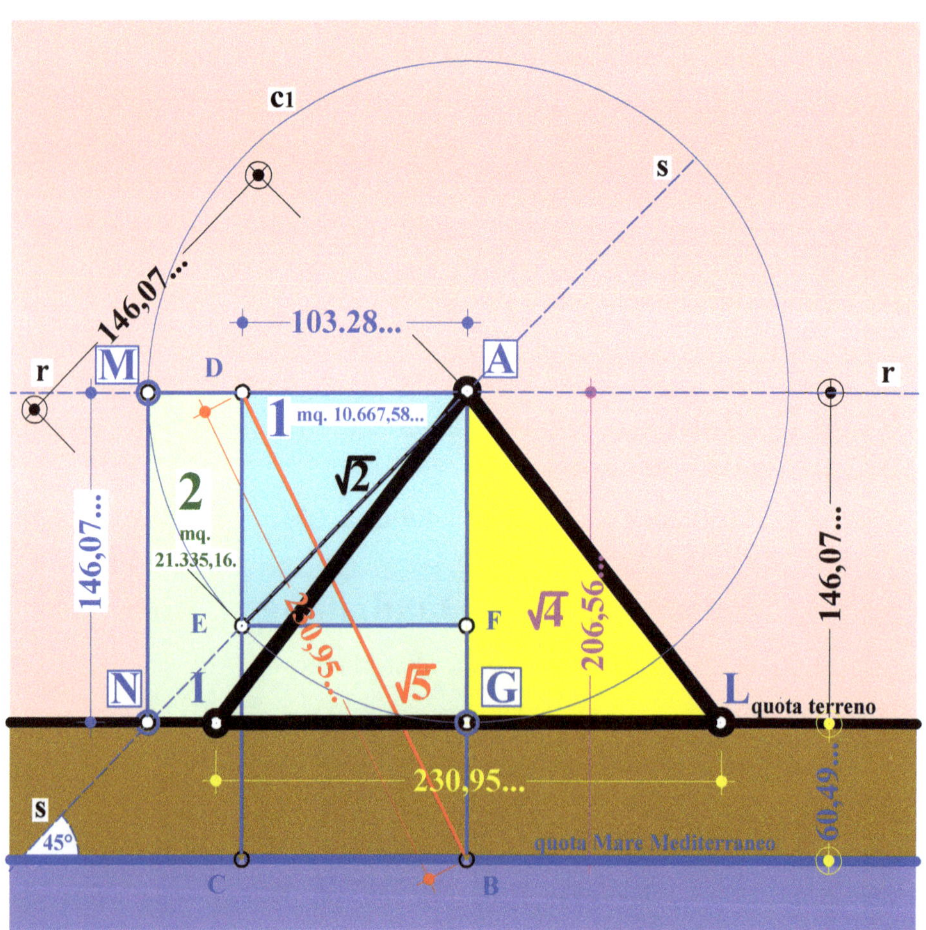

... nel disegno ... pag. 98 ... possiamo verificare che:

... il **lato** ... **M-N** ... del quadrato ... **2** ...

... è uguale alla **diagonale** ... **A-E** ... del quadrato **1** ...

... **A-E** : **A-D** = 146,07 : 103,28 = 1,414... = ...$\sqrt{2}$ ...

... **M-N** : **A-D** = 146,07 : 103,28 = 1,414... = ...$\sqrt{2}$ ...

... la **sup.** del quadrato ... **2** ...

... **21.335,16**...

... è il doppio della **sup.** del quadrato ... **1** ...

... **10.667,58**...

... i **lati** del quadrato ... **2** ...

... **M-N** ... o ... **A-G** ...

... sono uguali all'**altezza** ... della ...

... **Piramide** ... **ml. 146,07**... ...

... il **lato** ... **N-G** ... del quadrato ... **2** ...

... indica la... **quota del terreno** ...

... rispetto al ... **vertice** ... della ...

... **Piramide** ...

... il ... **QUADRILUNGO** ...

... **A-B-C-D** ...

... ha ancora ...

... **molte cose** ...

... da ...

... **dire** ...

... disegnamo la circonferenza ... **C2** ...

... la retta ... **r** ... interseca la circonferenza ... **C2** ... nel punto ... **O** ...

... tracciamo da ... **O** ... la perpendicolare al terreno ... che ...

... interseca ... la retta ... **s** ... nel punto ... **P** ...

... il segmento ... **O-P** ... misura ... **ml. 206,56796...** ...

evidenziamo il ... quadrato ... **A-O-P-B** ... che chiamiamo ... **4** ...
... calcoliamo la sua ... **superficie** ... che risulta essere di ...

... **mq. 42.670,322...** ...

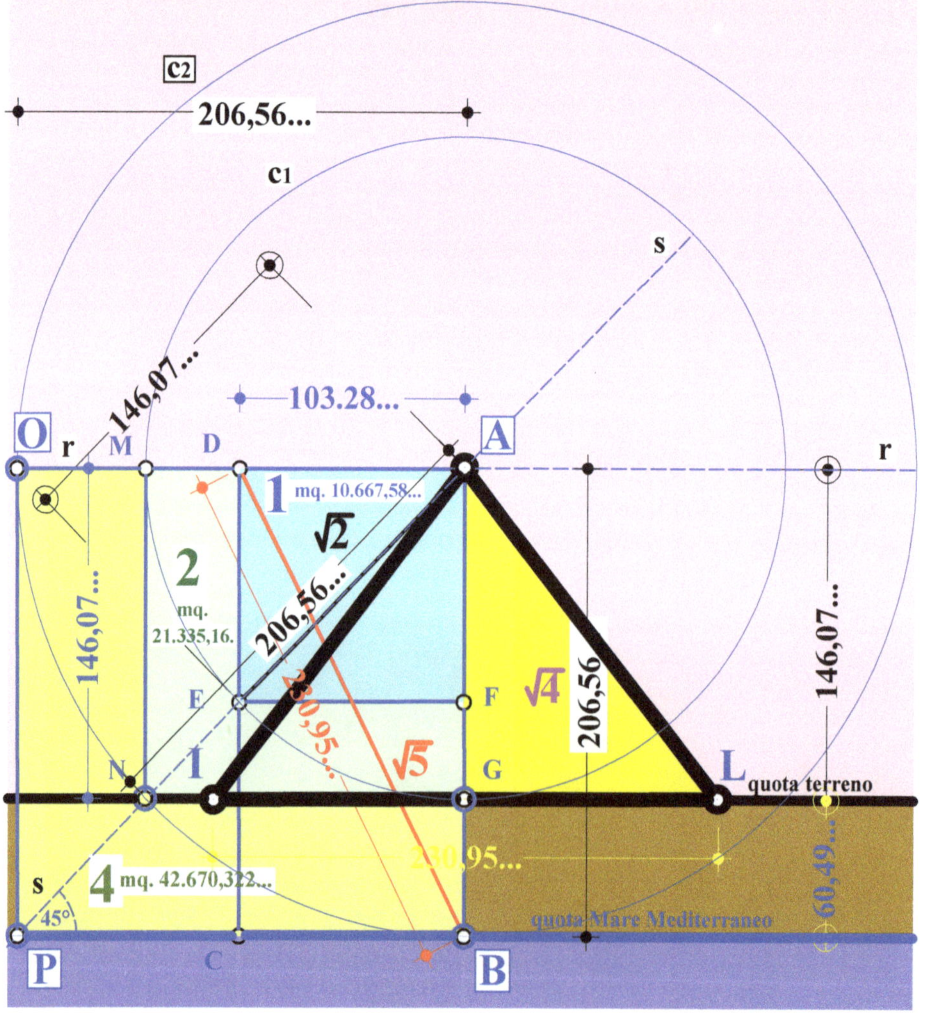

... il ... QUADRILUNGO ... ci ... dice ... ancora ... che:

... il ... **lato** ... del ... **Quadrato** ... **4** ... A-O-P-B ... 206,56... ... è ...

... **uguale** ... alla ... **diagonale** ... A-N ... del ... **Quadrato** ... **2** ...

... e ... **A-B : A-D** = 206,56 : 103,28 = **2** = $\sqrt{4}$

i lati ... **O-P** ... o ... **A-B** ... del quadrato ... **4** ...

... che sono i ... **lati maggiori**... del ... **QUADRILUNGO** ...

... ci danno la ... **quota** ... del ... **Mare Mediterraneo** ...

... e ... quindi ... la ... **distanza** ... del **vertice** ... **A** ... della ...

... **PIRAMIDE** ...

... dalla ... **quota** ... del ... **Mare Mediterraneo** ... 206,56 ...

... il lato ... **B-C** ... lato **minore** del ... **QUADRILUNGO** ...

... è ... **posizionato** ...alla ... **quota** ... del ...

... **MARE MEDITERRANEO** ...

... il **Quadrato** ... **1** ... ha la ... **Sup. uguale** ...
... alla ... **metà** ... della ... **Sup.** ... del ... **Quadrato** ... **2** ...

... il **Quadrato** ... **2** ... ha la ... **Sup. uguale** ...
... alla ... **metà** ... della ... **Sup.** ... del ... **Quadrato** ... **4** ...

... il **Quadrato** ... **4** ... ha la ... **Sup. uguale** ...
... a ... **4 volte** ... la ... **Sup.** ... del ... **Quadrato** ... **1** ...

... il ... QUADRILUNGO ...
... **A-B-C-D** ...
... ha ancora ...
... **molte** ... **altre** ... **cose** ...
... da ...
... **dire** ...

... il disegno ... sotto riprodotto ... ci da la possibilità di verificare ... che ... l'affermazione ... fatta da ... **Erodoto** ... è ... **sostenibile** ...

... la misura ... **58,10** ... quota del pavimento della ... camera ... ... **ipotizzata da** ... **ERODOTO** ... risulterebbe essere: ... +2,39 m. sul livello del Mare Mediterraneo (60,49-58,10); +0,89 m. rispetto al letto del fiume Nilo (2,39-1,50); -1,36 m. rispetto alla superficie dell'acqua del fiume Nilo (3,75-2,39); -7,86 m. dal livello della piena del fiume Nilo (10,25-2,39).

... la camera ... ipotizzata da ... ERODOTO ... potrebbe esserci ... e ... potrebbe ... anche ... essere ... allagata ... sia dal Nilo ... in normali condizioni ... sia dal Nilo ... nei ... momenti ... di piena ...
(potevano farlo)

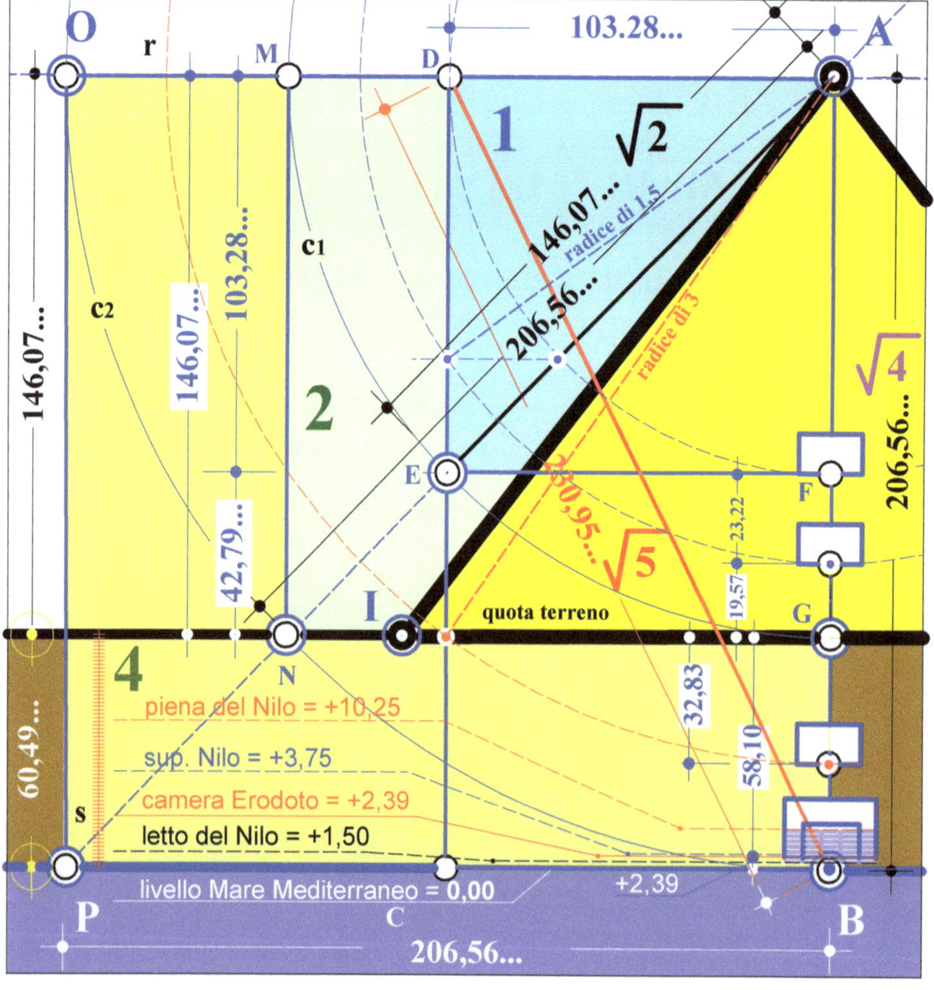

... questo è il disegno che abbiamo ottenuto partendo da un solo dato ...
... il perimetro di base della Piramide ...
... che abbiamo ricavato dal ...
... Meridiano Terrestre ...
... non abbiamo usato altre misure ... abbiamo soltanto seguito una ...
... geometria che ci ha condotto alla forma ... geometrica ...
... della Piramide di CHEOPE ...

... non abbiamo usato ... Π ... e non abbiamo usato ... $\emptyset$ ...

... abbiamo usato la ... **LOSANGA** e il **QUADRILUNGO DI GIZA** ...

... i ... quadrati ... 1 ... 2 ... 4 ...
le radici ... $\sqrt{1,5}$ ... $\sqrt{2}$ ... $\sqrt{3}$ ... $\sqrt{4}$ ... $\sqrt{5}$ ...

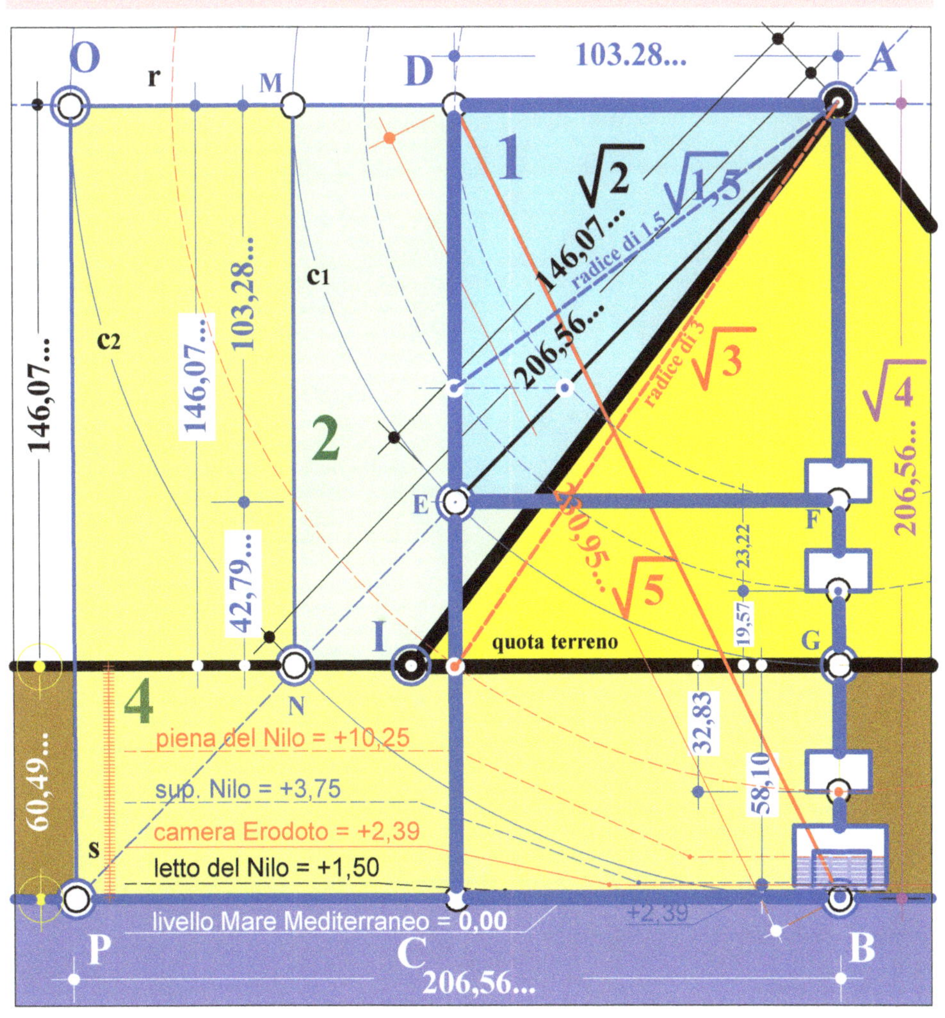

... il ... MERIDIANO TERRESTRE ...
... il ... SOLE ... con la ... LOSANGA ... di ... GIZA ...
... le ... GEOMETRIE ... del ... QUADRILUNGO ...
... hanno ... DIMENSIONATO ... e ... DISEGNATO ...

... la PIRAMIDE DI CHEOPE ?...

① Livello Mare Merditerraneo $\sqrt{4}$
② Livello letto del Nilo
③ Livello superficie del Nilo
④ Livello piena del Nilo
⑤ Camera ipotizzata da ERODOTO

⑥ Camera sotterranea $\sqrt{3}$
⑦ Livello base Piramide $\sqrt{2}$
⑧ Camera mediana detta "della REGINA" $\sqrt{1,5}$
⑨ Camera del Sarcofago o Camera del RE **AF = metà del quadrilungo**

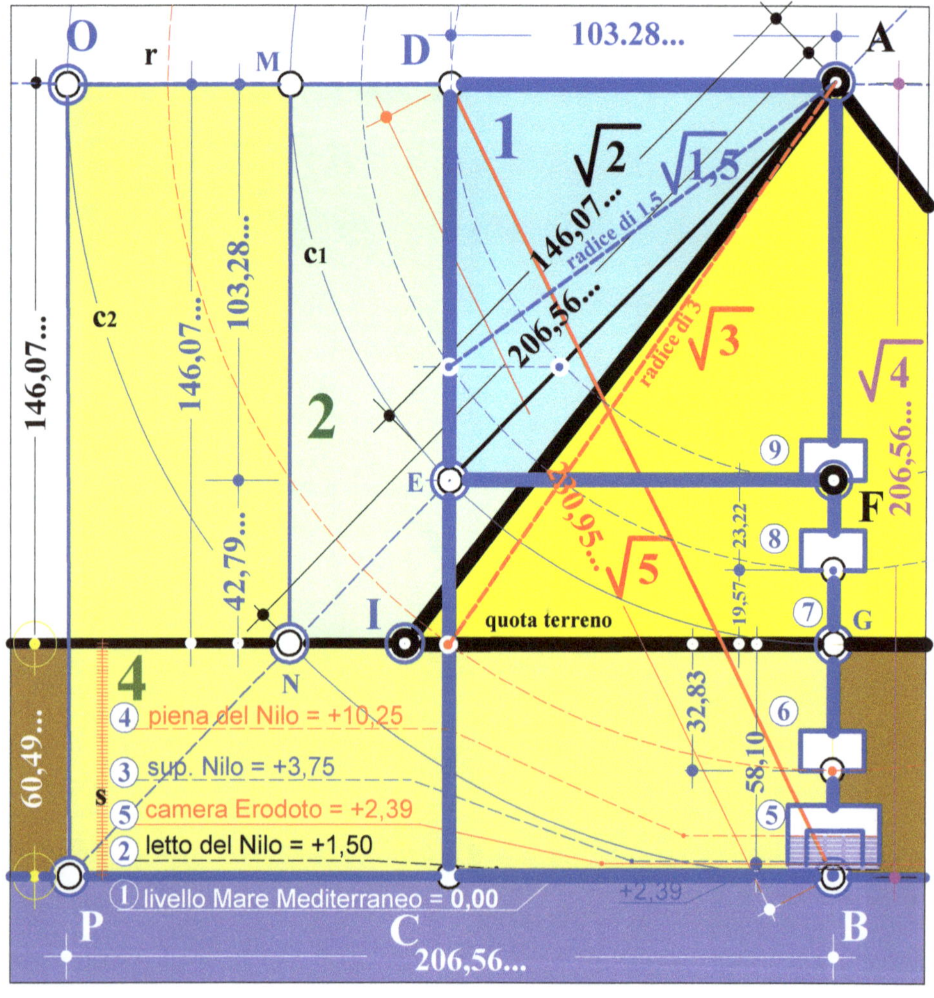

... questa immagine ... rapprenta la ... sintesi ... del ... percorso ... che
abbiamo fatto ... seguendo ... **intuizioni** ... **geometriche** ...

... la geometria che abbiamo usato ...... poteva essere ... adoperata ... anche dagli ...
... antichi ... **Egizi ?** ... penso ... di ... si ...

... la ... **forma** ... è significativa ...
**... la relazione tra ... il Raggio della
Terra e la Dimensione della
Piramide ...**
... è ... sostenibile ? ...
... sembrerebbe di si ...

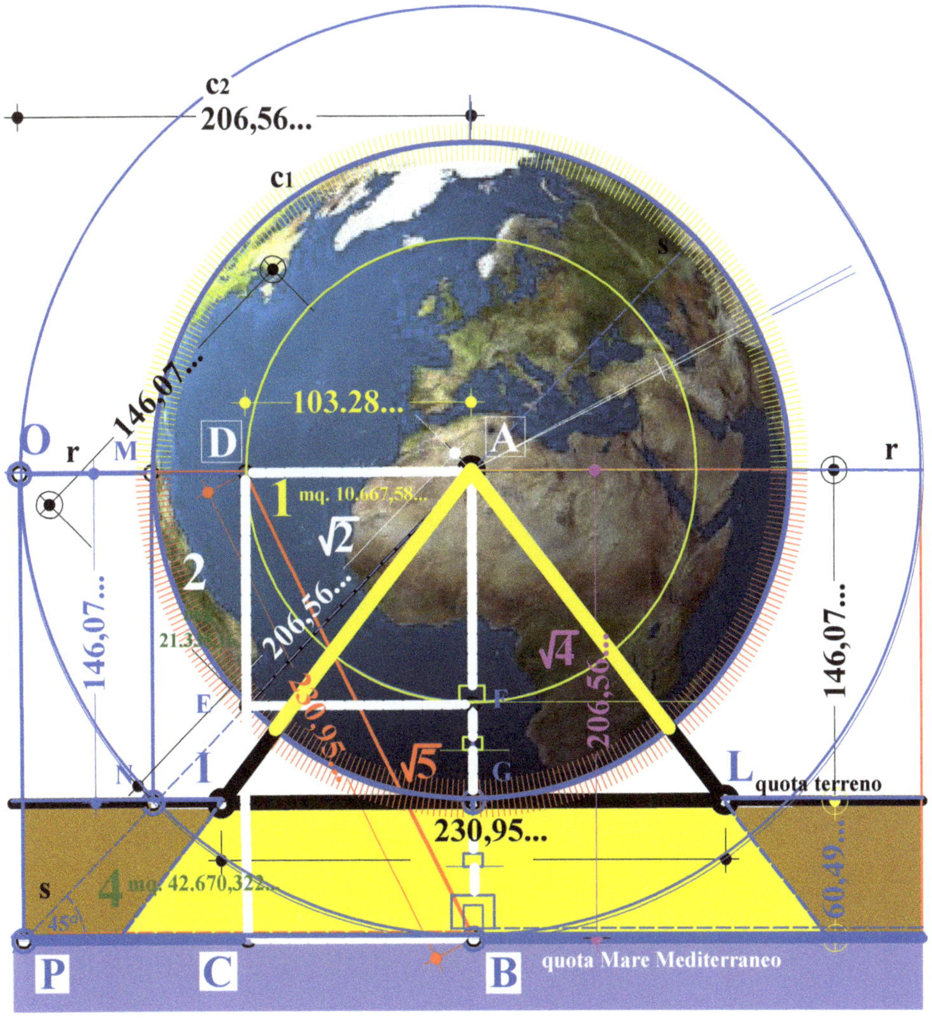

Parte Settima

7

LA PIRAMIDE DI CHEOPE
Relazione tra il Raggio della Terra
e le Dimensioni dei
Monumenti Antichi

CONCLUSIONI

CONCLUSIONI

... per lo studio della Piramide di Cheope è stato di fondamentale importanza conoscere i "movimenti" del sole, le ombre da lui generate agli Equinozi ed ai Solstizi...

... l'orientamento ... Nord - Est - Sud - Ovest ...,
... l'Est del Solstizio d'Inverno ...
... il variare del punto ... Est ... del sorgere del sole ...
nei diversi giorni dell'anno ....

... le geometrie ritenute ... "sacre" ... che abbiamo ricordato ...
e che puntualmente abbiamo incontrato nello studio della Piramide ...
... le loro forme ... i loro angoli particolari, ...

... la Losanga, figura geometrica poco valorizzata, ormai nel dimenticatoio della nostra memoria ... riemerge ... con vigore ...
disegna geometrie che i nostri antenati ... **potrebbero aver** ... usato ...
e che ritenevano ... "sacre" ...

... partendo dal meridiano terrestre, abbiamo determinato ...
il perimetro di base della Piramide ...
... abbiamo verificato la "possibile" presenza di ... π ...
... abbiamo verificato la "possibile" presenza di ... $\varnothing$ ...

... con la ... "Losanga di Giza" ... abbiamo disegnato
... il **Quadrilungo** ... che con le sue ... **geometrie** ... ci ha rivelato
i ... **"possibili"** ... rapporti geometrici ... "sconosciuti" ... della Piramide di Cheope

... il mistero delle geometrie della Piramide rimane ancora nella sua totalità....
le sue misure ... altezza, misura del lato, pendenza ... non sono ancora definite con univoca certezza ...

... il Quadrilungo, con tutte le sue radici quadrate ... disegnabili ...

perché segmenti ... definiti ...

ha aperto un campo di riflessione ... sulle geometrie della Piramide ...

... mai esplorato ... che potrebbe rivelarsi molto ...

... interessante ...

... lega le dimensioni della Terra ...

... alle geometrie disegnate dal Sole ...

... ai valori matematici e geometrici delle radici quadrate ...

... di 0,5 - 2 - 3 - 4 - 5 ...

... valori che ci danno le ...

... "possibili" ... posizioni ...

... della camera del Re ...

... della camera della Regina ...

... della camera Interrata ...

... della ipotetica camera interrata di Erodoto ...

... del livello del Mare Mediterraneo ...

... del lato di base della Piramide = diagonale del QUADRILUNGO

... e ... altro ...

... penserete ... che di razionale in tutto questo ci sia ben poco ...

... che la fantasia e l'intuizione ... abbiano preso il sopravvento ...

... ricordo che questo lavoro non vuole essere una dimostrazione ...

di verità ... alternativa ... **a ....**

... vuole essere soltanto la dimostrazione che la ...

... **verità** ...

... **non è mai una certezza** ...

e che **le strade** per raggiungerla

... possono ... essere ... **molte** ...

e ... **molto differenti tra loro** ...

... sarebbe per me un grande obiettivo ... se ... questo lavoro ...

insegnasse a tutti noi ... a non trarre mai ... conclusioni ... affrettate

... perché le ... verità ... possono essere ... molte ...

... forse è meglio chiamarle ...

... presunte verità ...

e ... come ho già detto nel precedente libro ...

... forse è più realistico ...

... ha detto Albert Eistein:

"... La mente intuitiva
è
un dono sacro

la mente razionale
è
un servo fedele.

Noi abbiamo creato
una società
che

onora il servo

... a tutti coloro che ...

... sono riusciti a ...

... leggere ...

... studiare ...

... ogni singola parte ...

... a tutti questi dico ...

... **GRAZIE** ...

e

... rivolgo loro l'invito ...

... a svolgere ...

... ancora ...

... insieme ...

il prossimo ...

... **"lavoro"** ...

che sarà ... un'**esperienza** ... nel ... **mistero** ... del ...

... **quadrato magico** ...

... ipotesi ...

controcorrente

Finito di stampare nel mese di Giugno 2015
per conto di Youcanprint *Self - Publishing*